UN ÚLTIMO ACTO DE AMOR

Un último acto de amor
© Urtzi Cristobal
Enero 2026
ISBN papel: 978-84-685-9349-4
Depósito legal: M-27410-2025

Este libro ha sido realizado con la colaboración de SORTEM.
Edición de Robert Muro
Editado por Bubok Publishing S. L. equipo@bubok.com
Tel: 912904490
Paseo de las Delicias, 23
28045 Madrid © 2025 John Breiner Clavijo Yepes
Todos los derechos reservados.

ÍNDICE

A MODO DE PRÓLOGO

"Ahora que empiezo de cero".
De la canción *Humo*, de Pau Donés

Las fronteras, las líneas de separación entre territorios desconocidos o poco conocidos, siempre han generado una profunda fascinación en los seres humanos. Producen una atracción por saber qué se esconde al otro lado. Y, por la misma razón, lo que está más allá de lo conocido, lo que se encuentra en "terra incognita", despierta un indudable temor. Miedo.

Una de las fronteras apenas conocida y que, al igual que el universo profundo y sus leyes, genera atracción y miedo, es la muerte. La muerte marca la línea de un cambio de estado radical tras el cual casi todo es misterio. El no ser, o el dejar de ser, provoca en los hombres un temor a menudo incontrolado, tanto, que la respuesta habitual es la postergación: rehuir el contacto con la muerte y la reflexión sobre ella y todo lo que la acompaña.

Incluso en las religiones en las que la otra vida forma parte de las creencias esenciales, la muerte se elude en la cotidianidad, y se procura evitar cuanto se relacione con ella. Resulta curioso por demás ese comportamiento elusivo cuando se afirma creer en el más allá y en el nuevo estado de paz que proporcionará a quienes crean en la vida tras la muerte. Algunos ejemplos: los cementerios son espacios de abandono generalizado salvo en los días de difuntos o de rememoración de pérdidas de seres muy amados; los actos funerales son actos sociales, no espirituales, o incluso las obligaciones y previsiones más elementales, como testamentos, últimas voluntades, o la organización

7

del propio funeral se posponen indefinidamente aun a sabiendas de que hacerlo creará graves problemas a la gente querida y la familia. Solo las compañías de seguros y decesos parecen ajenas a esta despreocupación, por motivos obvios, y se empeñan en recordarnos que debemos poner en sus manos lo que ellos llaman "esos momentos". Y seguir despreocupándonos de la cuestión de fondo.

En fin, la muerte en nuestra cultura es una frontera que sabemos que hemos de cruzar, un viaje inevitable que habremos de acometer, pero para el que conscientemente evitamos prepararnos posponiendo cualquier cosa que se relacione con ella. Y, claro, como se dice en el mundo del teatro, que es mi gran dedicación profesional, lo que no se ensaya no sale bien. Lo que se evita, consciente o inconscientemente -la preparación de una buena muerte-, solo puede deparar problemas y dificultades, para uno mismo y sobre todo para quienes nos quieren bien.

Preparar una buena muerte. ¿Es posible, deseable, necesario?

Cuando sabemos que una enfermedad determinada lleva aparejada una muerte en el corto plazo, se abren en esencia dos caminos, solo dos, que dependen de la aceptación y del papel que uno mismo quiere jugar en ese final.

Un camino nos lleva a centrarnos en la lucha contra el mal físico, a veces con desesperación; a olvidar cualquier preocupación que no sea nuestro propio problema; a luchar sin tregua, a alargar la partida a menudo a cualquier precio. A rebelarnos, a deprimirnos, a culpabilizar. Luchar es una hermosa palabra que ha de encontrar el momento de la entrega, que no rendición ni abandono, ante lo que inevitablemente es más grande.

El otro camino, que no tiene por qué suponer la renuncia al combate, pero no hace de éste una obsesión, parte de la aceptación y de considerar la información del propio fin en tiempo tasado como una oportunidad de hacer las paces con uno mismo y con el entorno. De este camino forman parte resolver lo pendiente, mostrar el cariño a los seres queridos, agradecer el afecto recibido, reconciliarse. . . ; y también hacer los trámites legales, sí. En fin, convertir el tramo final del camino en un acto de amor compartido. Y de paz.

Me vienen a la memoria de inmediato casos personales cercanos, como el de mis padres, ambos con una buena muerte: en paz con ellos mismos y con sus hijos, abordadas todas las cuestiones importantes y rodeados de afecto y de los pequeños grandes disfrutes que permite la enfermedad. Y me asalta, también, el final de Pau Donés, líder de Jarabe de Palo. Es un pequeño regalo acercarse a él y a su historia a través de dos pinceladas de distinto calibre: la película documental *Eso que tú me das*, que realizó en formato de entrevista Jordi Évole, apenas dos semanas antes de que Pau falleciera; y el tema *Humo*, escrito cuando ya conocía su cáncer maligno, una declaración de amor a la vida ajena al resentimiento. He aquí sus versos iniciales:

Ahora, que empiezo de cero
El tiempo es humo, el tiempo es incierto
Ahora, que ya no me creo que la vida sea un sueño
Ahora, que solo el ahora es lo único que tengo
Ahora, que solo me queda esperar a que llegue la hora
Ahora, que cada suspiro es un soplo de vida robada a la muerte
Ahora, que solo respiro porque así podré volver a verte
Ahora, que ya no me importa que la vida se vista de negro
Porque a nada le tengo miedo

Afirmar que afrontar la muerte (mirarla de frente), cuando se sabe cercana, es una oportunidad de ser feliz y de hacer feliz no es una boutade. Tampoco es coser y cantar, claro, ni basta solamente para hacerlo un impulso de la voluntad. Como para todas las cosas realmente relevantes en la vida, uno debe prepararse para ello en cuantas ocasiones previas tenga para hacerlo. Forma parte de ese camino no rehuir los momentos en que la muerte de personas cercanas te toca, y hacerlo desde la conciencia y no del miedo. Nuestras sociedades, ahítas de hedonismo de compra venta y ajenas al estar con uno mismo, a la reflexión profunda y a la meditación no ayudan precisamente. Escapar,

9

aunque sea un poco, de ese torrente que arrastra casi todo es una cuestión personal, una decisión de cada uno, que siempre es libre para hacerlo.

Transitar por territorios tan poco conocidos y fronterizos como el que nos ocupa requiere también una fuerza complementaria. Además de preparación, o incluso como parte de la preparación, y por supuesto, del viaje mismo, hay que dejarse acompañar por guías expertos, buscar exploradores que te avancen las dificultades y ayuden a atravesar los pasos difíciles a quienes caminan hacia la frontera, y a sus familiares y amigos. Encontrar una mano conocedora que aporte seguridad y sosiego en esos pasos es un regalo que debe estar al alcance de quien lo necesite y lo busque. Es un derecho.

A esa tarea, muy poco conocida y reconocida en nuestro país, a esa tarea que requiere tanto respeto y tanto afecto hacia el viajero y sus cercanos, se dedica el autor de este libro.

...

Me une algo peculiar con Urtzi Cristobal: ambos tuvimos un hermano a quien no conocimos porque falleció antes de que nosotros naciéramos; y a ambos nuestros padres nos pusieron el mismo nombre al nacer. Es algo siempre presente en nuestras vidas a través de fotografías, conversaciones, recuerdos…, e incluso al visitar los cementerios en los que la familia conserva la memoria: allí vemos en la lápida nuestro propio nombre.

Lo hemos hablado alguna vez y aunque cuando lo contamos a otros sorprende notablemente, a ninguno de los dos aparentemente nos ha pesado esa historia que tiene un aire de repetición o segunda vuelta para los padres en la espalda/nombre de sus hijos.

Nos unen, además, otras dos cosas importantes.

La primera es que es el compañero de vida de mi sobrina Eva, con quien ha tenido tres hermosos hijos -dos chicos y una chica-. Dado que los tres nacieron en Inglaterra, donde sus padres trabajaban y aún lo hacen, su perfecto inglés convive con unos dignos español y euskera. Cada año, salvo los dos de la Era Covid, hemos disfrutado de encuentros familiares, alguna vez en Londres, y la mayor parte de las veces en San Sebastián, tanto en el periodo navideño como en verano. Encuentros que servían para mantener vivos los vínculos, seguir de cerca nuestras derivas y tenernos al día, y para conocernos mejor.

La segunda es la que explica que haya escrito estas líneas. En esas conversaciones, siempre amables y de puesta al día, Urtzi me iba contando su recorrido vital y profesional en el acompañamiento a quienes se acercaban a la muerte. Cada detalle, cada historia, cada experiencia me introducía más y más a un mundo que en nuestra cultura procuramos eludir, y siempre lo compartía desde lo que yo percibía como una profunda paz interior. Aunque he tenido pérdidas notables a mi alrededor -padres y amigos íntimos- para mí la muerte nunca ha sido una cuestión que me preocupara ni me ocupara, para la que tuviera que prepararme: ya llegaría y esperaba afrontarla de buena manera. Él, su dedicación, y estas historias, hicieron que cambiara mi enfoque. Y desde entonces le he dado más importancia y sobre todo tiempo, a pensar en la buena muerte, mi buena muerte.

...

Urtzi Cristobal ha escrito en este libro sus experiencias iniciales en el acompañamiento de gentes que sabían que iban a morir en el corto plazo, o en el apoyo a sus familiares más cercanos. Nos cuenta casos de tránsito enriquecedores para quien quiera acercarse a esta trascendental cuestión, y a la vez, nos relata su propia experiencia, su propio aprendizaje y su crecimiento en ese territorio fronterizo en el que se distingue con claridad lo verdaderamente importante de lo que no lo es.

Son relatos escritos con distancia casi clínica, en los que nos llega lo ocurrido, la situación y el desenlace. Con una descripción minuciosa de la vida de los protagonistas que facilita la empatía del lector y su comprensión. Todo neto. Son las historias las que tienen la fuerza pues sus protagonistas tienen nombre y son reales. A veces, el autor finaliza las narraciones con una suerte de epílogo en el que, ahora sí, aporta su visión o información posterior.

El libro, tras una introducción preparada por su autor, incluye el resumen de una entrevista o conversación que tuve con Urtzi Cristobal en 2022. En ella le preguntaba por algunas de las cuestiones que no aparecen directamente en las historias que componen el libro, como la influencia de la religión, las diferencias culturales ante la muerte, la necesidad de que estos servicios de acompañamiento formen parte de la oferta pública, o cómo prepararse para el tránsito final.

También incluye un Epílogo que resume las acciones esenciales que el autor sugiere acometer sin esperar al último momento.

El libro incorpora una especie de relato de su biografía hecho por él mismo, poco complaciente consigo y sincero, como es él, que en esta edición se encuentra al final del libro.

Quienes lean con detenimiento encontrarán frases que te retienen en la lectura, como si reclamaran dedicarles algo más de tiempo en ese mismo momento: "Cuando morir se parezca más a no morirse, mejor muerte será." "La vida no es solo un derecho, también es una obligación." "Mi oficio atiende a aquello que la gente necesita pero que no tiene demasiado interés en comprar." Cuando esto ocurra, subráyenlas y continúen para volver más tarde sobre ellas.

Déjense llevar por la vida de estas personas a las que Urtzi Cristobal nos acerca, en las que a menudo podemos vernos retratados, y entren en la mirada de quien durante muchos años se ha dedicado a acompañar en el último tramo de sus vidas a quienes saben cerca su final.

Es una oportunidad de adelantarse a la oportunidad.

Robert Muro

INTRODUCCIÓN

Este libro es un libro subjetivo. Su objetivo principal es transportar al lector al tramo final de la vida de los protagonistas de cada uno de los quince capítulos. El método elegido para desempeñar mi labor ha sido el de contar historias.

Durante milenios, la humanidad ha transmitido sus valores, cultura, tradiciones y sabiduría a través de historias. Niños, jóvenes y ancianos por igual, se han sentado durante siglos alrededor de una hoguera, contando y escuchando historias bajo las estrellas.

Esta forma de transmitir requiere que el oyente no mantenga una actitud pasiva, sino que, a través de su imaginación, de identificarse con ciertos personajes más que con otros, de sentir atracción, compasión, odio o rechazo hacia diferentes componentes de la historia trabaje algo dentro de sí mismo.

Este trabajo interior no es un trabajo claro, lógico y racional. Es un trabajo más inconsciente, a través de un lenguaje, el de las historias y los símbolos, que moldea algo en nosotros tanto en el momento de la lectura como durante un tiempo después.

Desde mi entendimiento, hay dos formas de saber y transmitir el conocimiento. Una es el saber lógico y científico. El saber que se ha adquirido de forma clara, concisa y medible, a plena luz del día, donde el mismo proceso de adquisición de dicho conocimiento puede ser contrastado, permitiendo además que cualquier sesgo en ese proceso pueda ser identificado con claridad. Este es el que yo llamaría el conocimiento objetivo.

Por otro lado, está el saber que se transmite en un lenguaje menos exacto, de forma menos medible, comparable y contrastable. Es el saber que se transmite en la oscuridad de la noche, con la ayuda del fuego de la hoguera. Los objetos se perciben como siluetas poco definidas, los colores no son evidentes y la impresión que causa un objeto en el espectador es más importante que el objeto en sí. Este saber se transmite a través del lenguaje de los símbolos, más misterioso y arquetípico que exacto. Este es el que yo llamaría el conocimiento subjetivo.

Mi objetivo a la hora de contar quince historias reales sobre cómo sus protagonistas abordaron los últimos días de su vida ha sido invitar al lector a ser testigo directo de la realidad como la vivieron ellos. Hay poca elaboración por mi parte, o al menos eso he intentado, para que sea el mismo lector el que se identifique con los diferentes personajes, se permita sentir la emoción que le evoque el relato y reflexione sobre su propia vida y su propia muerte.

Inevitablemente, al ser el narrador de cada historia, hay una participación activa en mi propia percepción del caso, elección de material que se incluye y excluye, y en mis propias reacciones emocionales. Por ello, incluyo una reflexión personal, en cursiva, al final de la mayoría de los capítulos que permite al lector saber más sobre mí y mi manera de ver las cosas.

De todas formas, quiero recalcar que el objetivo de mi reflexión personal no es el de educar al lector y no tiene ningún objetivo didáctico en sí mismo. La relación con la muerte es muy personal y creo que cada uno debe trabajarla de manera individual.

Sin embargo, mi experiencia personal con la gente de mi alrededor me indica que la muerte es un fenómeno al que mucha gente no tiene acceso directo con frecuencia, ya sea por falta de oportunidades o por evitarla de manera deliberada. Este libro, a través de relatar historias reales, ofrece esa oportunidad, pero de manera más distante.

En cierta manera, me recuerda al relato mitológico griego de Perseo y Medusa. Medusa era una de tres gorgonas, junto a sus hermanas Esteno y Euríale. Era un monstruo con serpientes en vez de cabello y cualquiera que la mirara fijamente a los ojos, quedaría convertido en piedra.

El héroe Perseo fue enviado a decapitarla. Escondido tras paredes y columnas, podía oír a Medusa, pero no podía saber dónde estaba exactamente, ya que, si la miraba, quedaría convertido en piedra. Se le ocurrió utilizar su escudo para ver a Medusa reflejada en él, y poder así localizarla para finalmente decapitarla.

Una manera de entender este mito es la reacción que nos puede producir mirar la realidad, en este caso la muerte, de manera directa: podemos quedarnos petrificados.

Algunas artes, como el teatro, el cine y la literatura, actúan como escudo y nos permiten ver una representación de esa realidad, pero de manera indirecta. Nos identificamos con los personajes sin estar directamente implicados.

Espero que las siguientes quince historias actúen como espejo y te permitan presenciar algunos destellos de la realidad de la muerte de sus protagonistas. En su caso, ellos tuvieron la muerte delante y tuvieron que decidir si mirarla directamente a los ojos o no, a costa de sentirse petrificados. En tu caso, no eres el actor principal en estas historias, sino un espectador, y convertirte en piedra no es una posibilidad.

Por dura que pueda resultarte algunas veces, te invito a que te tomes tu tiempo para leer y digerir los relatos. Si sientes miedo, angustia o agobio, recuérdate a ti mismo que no estás en esa situación ahora mismo y que si te permites pensar y reflexionar sobre tu propia muerte y sobre la de aquellos a los que quieres, quizá puedas sentirte mejor preparado para afrontarla cuando te toque. No *si te toca* sino *cuando te toque*.

Espero que la muerte de mis pacientes, a través de relatarte mi experiencia con ellos, te ayude a pensar sobre algo que no nos enseñan a pensar ni a tener en cuenta. Hay veces que amigos o familiares que han leído mi primer borrador me han comentado que han decidido arreglar su testamento tras leer una historia concreta. Otros se han sentido conmovidos, y otros no han podido pasar de la primera página por el temor que anticipaban. Sea lo que sea que este libro te suscite, te aconsejo que prestes atención a tus reacciones y permitas su desarrollo. Sobre todo, espero que este libro no te deje indiferente.

No espero que este libro sea ningún *best seller*, se exhiba en los escaparates de las librerías de las calles más transitadas del mundo ni se hable de él en la prensa. En todos esos lugares brilla la luz del día con demasiada fuerza y son lugares en los que el conocimiento objetivo, contrastado, claro y exacto juega en casa por ser este su entorno natural. Son el escenario perfecto para lo que la gente que circula por allí *quiere y desea.*

En cambio, el entorno natural de este libro se compone de lugares poco transitados donde impera la oscuridad de la noche, y es más probable encontrarlo en el suelo húmedo del bosque, medio iluminado por la luz que emana la llama serpenteante de una hoguera que con suerte puede permitirte leer parte del título.

Este último escenario juega con una ventaja: que el lector pueda sumergirse en su lectura de manera íntima e ininterrumpida, a su ritmo.

El conocimiento objetivo sobre la muerte es muy importante y se ha escrito mucho al respecto. Si tienes interés, puedes encontrarlo en manuales de cuidados paliativos, de psiquiatría, etc.

Espero que este libro te abra a la parte más misteriosa y subjetiva de este proceso. Gracias de antemano por leerlo.

Urtzi Cristobal

Robert Muro. - ¿Qué buscas con este libro, Urtzi?

Urtzi Cristobal. - Mi objetivo al escribir este libro es transmitir mi conocimiento y mi experiencia a la gente que no tiene mucho contacto con el
mundo de la muerte. La muerte y el proceso de muerte están cubiertos de
fantasía y de temor,
de que es algo tre-
mendo, de que es lo

*"La muerte y el proceso de muerte
están cubiertos de fantasía y de temor".*

peor. Lo que cuento son quince historias diferentes en las que unos tomaron unas opciones ante la muerte y otros tomaron otras, unos quisieron
estar más presentes, y otros menos. No le quise dar un enfoque espiritual
ni pedagógico. Tampoco decir cómo se deben hacer las cosas; simplemente
contar historias y que fuera fácil de leer. Tú, y otros que lo han leído, me
transmiten que les ha hecho reflexionar. Es un buen objetivo.

**Aunque he tenido cerca la muerte de personas queridas, nunca
la he vivido traumáticamente. Pero leer estas historias me ha
ayudado a entender y conocer otras experiencias distintas que
me abren una ventana habitualmente cerrada en nuestra cultura,
asomarme a los procesos de muerte. Y he sentido que alguien me
acompañaba y me daba tranquilidad al asomarme a ese mundo.**

Un acontecimiento reciente, el COVID, ha dado más vigencia a esta cuestión porque muchos de los fallecimientos se han producido a distancia y
desde el aislamiento y sin poder acompañar, todo lo contrario de lo que
yo abogo que es estar más presente y estar cerca, cerrar asuntos, hablar de
lo pendiente. Pensamos que es el final de la vida de la persona que muere,

pero de algún modo es un final para todas las personas que están alrededor también. Y quienes se quedan, se quedan afectados por cómo se haya hecho el proceso. El legado de la gente que no habla de las cosas, no hace testamento, que se mete en su mundo y se deprime y no hace nada más… es un legado completamente diferente al de una persona que habla, que da consejo, que pide perdón, que soluciona cosas, que está presente al final.

"De algún modo es un final para todas las personas que están alrededor también".

¿Y cómo llegaste a dedicarte a acompañar?

Después de estudiar Psicología en España, me formé en Gestalt en Londres, y enseguida empecé a trabajar en cuidados paliativos. No tuve una formación especializada en ese sentido porque tampoco la había. Donde trabajaba el modelo era exclusivamente médico, orientado a combatir la depresión, la ansiedad, en paliativos o con gentes que tenían una esperanza de vida limitada y sin expectativas de mejora. Para mí, tanto la depresión como la ansiedad son síntomas de algo más… Pueden tener su origen en la ira, en la tristeza, a veces puede ser la desesperación, el sinsentido… Cuando uno trata de canalizar todo eso y cerrar puertas para que no se manifiesten ciertas emociones, para ocultarlas y que no se expresen… ahí se genera ansiedad del control en ese sentido… Entonces lo que hay que buscar es lo que está deprimiendo a esta persona, lo que está tratando de controlar, que es lo que causa los síntomas de algo más profundo. Y dar espacio para que la gente pueda "sacar", porque muchas veces la gente no sabe lo que lleva dentro.

¿Qué es la muerte, Urtzi? ¿Qué es la muerte, no desde el punto de vista fisiológico?

He escuchado mucho sobre el proceso biológico de la muerte, de la misma manera que he escuchado descripciones del proceso biológico del nacimiento, de la vida… Lo que ocurre en la comprensión de la muerte es que es un misterio, un misterio que, como el de la creación de la vida, nadie puede explicar. No se le puede dar una contestación racional a eso. Por eso es importante tratar la vida y la muerte como un misterio. Porque el significado que le encuentre cada uno, tanto a la vida como a la muerte, es indivi-

"Es importante tratar la vida y la muerte como un misterio".

dual y es lo que propulsa el motor de cada cual. Para mí la muerte es, en cierta manera, la última oportunidad de gestionar todo aquello que pueda no estar gestionado. Los avances tecnológicos, médicos, nos han hecho pensar que nuestro tiempo es ilimitado y eso hace que tendamos a posponer constantemente el abordaje de problemas importantes. Pero llega un momento en que el tiempo es limitado y empieza a haber menos del necesario para poder tratar todos los temas pendientes. Y es entonces cuando cambian las prioridades. Mucha gente que ha vivido su vida tratando de fomentar su carrera, dejando a sus hijos para tratar de poder desarrollarse o para ganar más dinero…, cuando están en su lecho de muerte descubren que esas prioridades no son las que elegirían ahora cuando saben que su tiempo es tan limitado. Ahí se crea una última oportunidad de hablar, de arreglar, de pedir perdón, de transmitir, y también de enseñar a morir. No afrontar cosas es muy legítimo y todo el mundo puede comprenderlo. Pero es una oportunidad de decir a quienes te quieren: "Ven a visitarme, quiero hablar, solucionar todos los temas pendientes."

Yuval Noah Harari, el historiador israelí, en su obra *Homo Deus* constata la aspiración del ser humano a alargar todo lo posible su vida, a la desaparición del dolor, incluso a la externalización del cerebro en otros cuerpos, en otro ser, con el afán de eliminar el problema principal del que hablas tú del misterio y de la mortalidad. ¿Qué piensas?

No he leído ese trabajo, pero he escuchado hablar de él. Me parece que refleja un enfoque muy materialista que trata de perpetuar la existencia de uno mismo, sin tener en cuenta el ciclo de la vida. Muchos de los problemas que veo en paliativos, consisten en que la gente quiere alargar por alargar; sin más objetivo. Pero, ¿para qué quiero tiempo extra? Alargar artificialmente tiene un precio. La elección de ese tipo de proceso lleva a que uno se sienta peor y más indigno, por eso al final hay gente que se quiere suicidar, o vive con desesperación. Pero el sistema dice, "hay que seguir, hay que seguir y hay que seguir." Si lo transfiriéramos al cine, un final, un buen final ensalza la película, pero si creas una película cuyo único objetivo es que no termine nunca llega un punto en que esa película pierde el sentido.

"Pero, ¿para qué quiero tiempo extra? Alargar artificialmente tiene un precio".

Por lo que dices, el objetivo de las personas debería ser, si no resolver el misterio, al menos tener una respuesta individual en el momento en el que se enfrenta a él. Una respuesta que no sea terrible, culpabilizadora, generadora de rencor. En ese sentido, ¿hay una buena muerte?

En los procesos de muerte conscientes, graduales, no repentinos, uno dice "sé que me estoy muriendo, pero no todavía". Mucha gente tiene temor a lo que pueda pasar. Sin embargo, hay personas que tienen más capacidad para "abandonarse". Stan Grof, por ejemplo, habla de muchas culturas en las que hay ritos de paso, que normalmente siguen el patrón de muerte-resurrección. En esas culturas los procesos finales buscan exponer el cuerpo a situaciones extremas, buscando disociar cuerpo y mente, y accediendo a un estado de conciencia alterado en el que encuentras y te comunicas con tu pasado y tu futuro, una conciencia en la que el ego pasa a tener poca impor-

"La buena muerte en un aspecto más personal es confiar, tener fe en un proceso que no puedes controlar porque es más grande que tú".

tancia. Cuando uno se somete a esa serie de pruebas de paso hay una muerte del ego, como también hay una muerte del ego cada vez que muere un padre o una madre, o cuando uno se divorcia, por ejemplo. En ese tipo de situaciones hay una muerte-resurrección en la que uno puede encontrar un nuevo sentido y una nueva manera de estar en el mundo. Vuelves a renacer pero sigues siendo tú. En la cultura en la que vivimos no se enfatiza la importancia del cambio porque lo importante es llegar antes y ser más productivo y no hay que perder el tiempo en cosas profundas. Pero el hecho es que en nuestra cultura, cuando uno se enfrenta a la muerte, no tiene la capacidad ni la experiencia de entregarse y abandonarse a la muerte de su ego para poder descubrir aquello que va a emerger después. La buena muerte desde el punto de vista de contacto social, y de contacto con la familia y los seres queridos, es estar presente y solucionar y hacer una buena despedida. En ese sentido también en la muerte, cuando uno se deja ir, ha de tener una fe porque todos hemos nacido sin saber cómo hemos nacido y sin controlar los pasos y en definitiva este es el mismo viaje por el mismo lugar, pero en dirección contraria. Creo que la buena muerte, en un aspecto más personal, es confiar, tener fe en un proceso que no puedes controlar porque es más grande que tú.

Cuando te leo veo que todo lo que tú eres: la energía, el conocimiento se aplica a ayudar en los procesos de cómo se enfrenta uno mismo a su final, y cómo transformarlo en una oportunidad, sin equipaje, sin deudas si es posible. Pero no veo en ninguna de esas historias que tú tengas una posición sobre el "después".

¿Sobre qué pasará una vez que se muere? No quise escribir sobre eso porque quería que fuera un libro abierto, para que pueda servir a cualquier persona que quiera familiarizarse con ese mundo. Pero para mí luego hay una existencia que no es posterior, porque creo que esta experiencia espiritual es tanto en vida como luego después de la vida. Creo que cuando dejamos la corporalidad nos vamos a un mundo espiritual.

¿Crees que hay una dificultad específica en el occidente cristiano para entroncar con una buena muerte? ¿Has encontrado diferencias de comportamiento, o de acercamiento a una buena muerte entre gente firmemente creyente?

No, realmente no. El mensaje cristiano es contradictorio, habla de la vida eterna, de la vida espiritual, de todo lo demás, pero se actúa todos los días como si aquello no existiera. Y no hay más que ir a cualquier cementerio, por lo menos en Inglaterra: casi nadie va, está todo abandonado... nadie cuida ese mundo. Creo que mucha gente puede tener miedo a morir también porque hay una sensación de que van a ser olvidados.

"Mucha gente puede tener miedo a morir también porque hay una sensación de que van a ser olvidados".

En una de las historias se contaba eso. Esa pareja en la que ella le preguntaba a su marido dónde quería ser enterrado, o cremado, porque no habían hablado de ese tema. A ella le generaba tensión y a él no, y según fuimos ahondando yo le preguntaba por qué era importante saber dónde iba a ser enterrado él y contestaba "para ir a visitarle", y entonces él rompe en sollozos porque se da cuenta que ella le va a seguir visitando una vez que él no esté ahí.

Que va a permanecer

Que va a permanecer, no va a ser alguien que se va a olvidar. Si ves los enfoques psicológicos del duelo, que muchos se generan en los años 50 o 60 con John Bowlby y su Teoría del Apego, se considera el éxito del duelo cuando una persona pueda "desengancharse" del fallecido y utilizar toda su energía para seguir adelante con su vida casi como si la otra persona no hubiera existido, lo cual es una locura total desde muchos puntos de vista.

Siempre me ha sorprendido que una religión que promete firmemente un futuro, una vez perdida la corporeidad, un futuro

eterno y anunciando una vida maravillosa... genere al acercarse el momento un terror tan grande. Pero me sorprende también que en las gentes que no tienen esa concepción, cuando se acerca la enfermedad y la muerte incluso, vuelven a su parte religiosa. Me sorprende que el reto de afrontar el final de la vida, sea muy similar en unas u otras personas. Parece que el común denominador es el miedo, el temor.

El miedo es el otro polo de la confianza. El temor precisamente es una anticipación de algo que requiere una consciencia. Los niños no tienen la capacidad de anticipar, los animales no tienen la capacidad de anticipar. El control es una vertiente del miedo. El control o la supervisión sirven para que todo vaya por un cauce y no se desvíe. Y cuanto más necesites controlar, más difícil es controlar, particularmente lo incontrolable. Cuando enfrentas un proceso que no has hecho nunca, que no te han educado para hacerlo, surge el miedo y la tendencia a controlar. En el nacimiento uno no controla y por lo tanto no tiene problema, sin embargo, en el proceso final uno no controla y eso le genera miedo.

> *"Cuando enfrentas un proceso que no has hecho nunca, que no te han educado para hacerlo, surge el miedo y la tendencia a controlar".*

El miedo y el control es lo opuesto a la dejación, a un cierto dejarse y a la aceptación. Para mí abandonarse es tener un compromiso con estar presente, con aquello que se te hace presente en ese momento. Mira, cuando te pierdes en el bosque, no sé si te has perdido alguna vez, de noche, si entras en pánico te pierdes mucho más; pero en el momento en que dejas el discurso del miedo empiezas a ver sombras, siluetas...Al abandonarte estás disponible para relacionarte con el entorno, y con tu experiencia para ir creando un mapa de dónde estás y al final encontrar una salida.

No sé si has notado diferencia entre tu experiencia en Inglaterra, con lo que conoces de España.

Conozco poco el mundo de los paliativos en España, tengo más experiencia en el mundo funerario que en el de paliativos por haber dado cursos y conferencias... Sí que veo una diferencia social; veo que la gente extranjera en Inglaterra sea de países mediterráneos o europeos son más directos en su comunicación y más cálidos y más intensos, para lo bueno y para lo malo, más enjuiciadores pero más cálidos, más de decirte lo que piensan lo quieras oír o no, pero también más implicados a la hora de cuidar y todo lo demás... En Inglaterra son más distantes, te dan mucho espacio que parece respeto, pero por otro lado responden menos directamente a la persona. Percibo un menor papel de la familia, y veo que hay mucha gente que tiene mucha carencia social.

La presencia de estos cuidados en Inglaterra está de algún modo presente orgánicamente en el sistema nacional de salud, o al menos en paralelo al sistema ¿no?

Yo trabajaba en una *charity*, como se las llama en Inglaterra, una organización del sector no gubernamental por así decirlo, y entonces los servicios eran gratis para todo el mundo. No éramos parte del sistema de salud, pero sí que hay toda una serie de pautas y de regulación por el sistema de salud que hay que cumplir, de cómo tiene que ser el cuidado en este tipo de casos. En nuestra organización éramos cerca de 150 trabajadores y 1.000 voluntarios, y cada año se necesitaban unos 8 millones de euros para cubrir gastos. Un 10% de ese dinero venía de algún tipo de ayuda del sistema nacional de salud, pero el otro 90% era recaudado en la comunidad. Teníamos como diecisiete tiendas de ropa usada, y eventos deportivos de financiación... Por otro lado, los hospitales tienen enfermeras especializadas en temas de cáncer y demás, y ellas mismas derivan pacientes a los centros más especializados si ven que ya está cerca la muerte de los enfermos. Y las enfermeras de nuestro centro mantienen relación con los médicos de cabecera y los ambulatorios para prescribir medicación, cambiarla...

A tu modo de ver y conociendo la experiencia inglesa y la de otros países, el derecho a la salud debería incluir también esta faceta de ayudar a la gente, no sólo desde los cuidados paliativos sino en el acompañamiento, a ellos y a sus familias...

Creo que sí. Hace cien o doscientos años había un acompañamiento natural, y la misma comunidad y la familia te proveían de lo necesario, incluida compañía. Pero hoy día, con unas sociedades más desarraigadas, se cumple, se soluciona con lo profesional. Los niños te los cuidan pagando por ello, porque ya no está la familia extensa; y en el tema de la muerte pasa lo mismo, hay un acompañamiento que realmente no debería por qué profesionalizarse, pero no hay más remedio que hacerlo.

En España no estaría mal que la gente que se enfrenta a esa situación, ellos y sus familias, tuvieran acceso a herramientas de conocimiento, pero también de ayuda profesional que los acompañara en un proceso, en el que uno se siente tan inseguro. Un acompañamiento que hiciera que ese tramo fuera lo más grato y amoroso posible... y además consciente. ¿Deberían estar disponibles para la gente que lo necesitara?

Yo creo que sí, pero tendría que ser de manera organizada porque no existe de manera natural. Pero, ¿por qué no existe de una manera natural? Porque vivimos de una manera concreta y al final, en una sociedad donde en una pareja las dos personas tienen que trabajar a jornada completa, ¿cómo cuidan de sus hijos o acompañan a sus mayores en la enfermedad y la muerte...? Hoy las estructuras sociales priorizan la productividad y en el momento que no lo eres te vuelves una carga, y entonces, en vez de tener a los

"Es importante darse cuenta del empobrecimiento social y cultural que acarrea la modernidad, que se refleja, también, en la muerte".

ancianos como los héroes del mundo, como hacen todavía algunas sociedades, ya no son los sabios sino el despojo... En definitiva, hay que profesionalizarlo, pero es importante darse cuenta del empobrecimiento social y cultural que acarrea la modernidad, que se refleja, también, en la muerte.

¿Hay algún modelo, algún país, alguna cultura que resuelva mejor este problema del enfrentamiento con la muerte?

Hace casi diez años leí un informe que afirmaba que los cuidados paliativos en Inglaterra eran los mejores del mundo. Pero la manera en que abordan o valoran los cuidados paliativos para mí es muy mecanicista, muy médica y muy biológica. La medicina no contacta con la parte más profunda y misteriosa de la muerte. Porque muchas veces lo que se considera éxito se refleja en la calidad de vida o lo que se llama calidad de vida, no tener síntomas o dominarlos. Que, en cierta manera, es como morir sin darte cuenta. Desde ese punto de vista, cuando morir se parezca más a no morirse, mejor muerte será. Pero claro, desde otra perspectiva, esa es una muerte aséptica, una muerte anestésica por así decirlo.

He conocido gente que trabajando en intensivos o UCI ha visto su vida muy afectada, y no siempre positivamente. Tú has estado acompañando a familiares, a enfermos durante años, ¿cómo ha afectado esto a tu vida, a tus ideas, a tu familia?

A mí me ha ayudado a vivir con ese conocimiento, ese concepto de que no todo permanece para siempre y que las cosas tienen su fin. Ahora estoy con mucha consciencia personal porque a mi padre no le queda mucho tiempo y siempre que he ido a verle me he ido pensando que quizás es la última vez. Durante tres años no he viajado a España a cuenta de la pandemia y llega un momento en que me hubiera dado mucha pena no poder despedirnos. Pero si hubiera sucedido...

estoy en paz, estoy en paz porque no tengo nada pendiente en ese sentido. Sé que me voy a encontrar con situaciones imprevistas, pero a nivel emocional me siento en paz, y me siento en paz con mi familia y ya está. Por un lado, me ha dado eso, y por otro me ha ayudado a no tener miedo a la muerte. Me ha entrado incluso curiosidad, curiosidad por la muerte y por lo que hay una vez pasado ese umbral. También me ha dado más sentido del propósito en la vida y qué es lo que quiero hacer, y dónde quiero ir, y sentir como una especie de obligación con la vida. La vida no es solo un derecho, también

"La vida no es solo un derecho, también es una obligación".

es una obligación y lo es desde el punto de vista de que tengo la obligación de ser la persona que soy y la que tengo que ser para contribuir a esta sociedad, en el sentido de que yo quiero contribuir. Obligación en el sentido de que me liga, no restrictiva ni forzosa... porque muchas veces pienso que la diferencia de la madurez y de la falta de madurez es que cuando no somos maduros, sobre todo en la adolescencia, pensamos en todos los derechos que creemos tener y no queremos saber nada de las obligaciones porque las vemos como responsabilidad, en el sentido restrictivo, impuestas desde fuera. Pero ahora no solamente tengo el derecho de vivir, tengo la obligación de vivir. Tengo el derecho a vivir bien y a morir bien, tengo la obligación de vivir bien y morir bien, y seguir desarrollando esa manera de estar en el mundo.

Llevas quince años en el acompañamiento y en tareas de formación y supervisión... Después de este tiempo, ¿qué preguntas te quedan en este terreno?

Las que respondan a la necesidad de seguir aprendiendo. Acabo de hacer un curso de kinesiología. La kinesiología sintetiza los problemas físicos, musculares, orgánicos... y los relaciona con las emociones, con los meridianos y la alimentación. Busco trabajar en la sanación de manera más holística. En el modelo médico en el que he trabajado hay una interpretación muy aleatoria y arbitraria de la enfermedad: te toca y punto. La muerte es algo que sucede y vamos a tratar de paliarla de la mejor manera posible y ya está. Pero no se relaciona la enfermedad como síntoma de un estilo de vida global a nivel nutricional, a nivel de ejercicio físico, estructural... Hay gente que habla de la relación entre las enfermedades y las emociones, empezando por Enric Corbera, gente como Hamer de la nueva medicina germánica, que hablan de correlación de cánceres o zonas afectadas con ciertas emociones. A mí me gustaría trabajar con gente que esté muy enferma y hacer un trabajo psicológico, decir ¿qué es lo que tienes que hacer antes de irte? y acompañarlo en cierto sentido.

"¿Cómo puede la gente encontrar el sentido a su vida, o vivir su vida con un sentido sin que tenga que planteárselo de repente en el momento en que su vida está acabando?".

Pero también me interesa introducir ciertos cambios para tener un poco más de control de tu salud y poder restaurarla, pero todo al servicio de poder hacer aquello que tienes que hacer antes de irte. Pero, preguntas, no sé, tal vez ¿cómo puede la gente encontrar el sentido a su vida, o vivir su vida con un sentido sin que tenga que planteárselo de repente en el momento en que su vida está acabando? Empezamos a encontrar sentido y a plantearnos vivir la vida con más sentido, cuando nuestra vida se vuelve limitada. ¿Cómo podríamos ser más conscientes de esa limitación en vida de manera que uno esté trabajándose ese propósito a lo largo de su vida? Esa sería un poco mi pregunta. Pero claro, eso exigiría cambiar muchas cosas porque cuando uno está en contacto con su propósito en la vida es mucho más difícil venderle cosas que no necesita... olvídate de Amazon. Amazon es el lugar donde la gente va a comprar, no a mirar, va a comprar; y mi oficio atiende a aquello que la gente necesita pero que no tiene demasiado interés en comprar. Por ahí van mis preguntas. La muerte no es consecuencia de no cuidarse o de no llevar una vida saludable, la muerte es consecuencia de la vida, pero a ver cómo vendes eso.

¿Y qué te gustaría que les ocurriera a los lectores de este libro?

Que, tras leer estas quince historias, estas quince maneras diferentes de morir, se abran a reflexionar un poco sobre la suya.

Quince historias de acompañamiento en los últimos meses de vida

I

¡NOSOTROS NO TENEMOS SECRETOS!

- No sé qué hacer… - dijo una voz dubitativa con acento sudamericano al otro lado del teléfono.

Tuve que taparme la oreja libre con la otra mano para oír mejor a Carmen. Tenía una voz fuerte que transmitía confianza pero, a ratos, disminuía el volumen de manera drástica cuando trataba de ocultar sus emociones.

- ¿Por qué no hacemos una cosa? - sugerí. - Concertamos una cita sin ningún compromiso, nos reunimos en persona, y hablamos tranquilamente un rato.

Me cuentas cómo estás, lo que te preocupa, me das un poco más de información sobre las niñas y yo te doy mi opinión. Si ves que esto no es para ti o si te parece que te basta con lo que hablemos, lo dejamos ahí y ya está. Sin embargo, si te parece que podría ser útil que volvamos a vernos, hacemos un plan para trabajar juntos. ¿Te parece?

Me dijo que le parecía bien y acordamos fecha y hora.

Por lo que me había contado, a su marido, Pedro, le habían diagnosticado un cáncer de vejiga hacía dos años. Los resultados del tratamiento habían fluctuado durante este período con épocas buenas y otras no tan buenas. Tenían tres hijas de entre seis y once años y habían decidido no decirles nada para no preocuparlas.

Pero hace unas semanas acudieron al hospital para comentar los resultados de su última resonancia, y las imágenes mostraban una expansión de la enfermedad por diferentes partes de su cuerpo, afectando a algunos órganos vitales. No había nada más que pudieran hacer por él, les dijo el oncólogo, y las perspectivas no eran nada buenas.

A Carmen se le cayó el alma a los pies, y su mayor preocupación ahora era cómo comunicar la situación a las niñas. Ella siempre había sido muy estoica e independiente y por lo general le gustaba afrontar sus problemas por sí sola. Por eso la duda acerca de concertar una cita conmigo. Pero, por otro lado, no quería causar un trauma a sus hijas que les fuera a afectar más adelante en sus vidas.

Cuando fui a recibirla a la sala de espera vi una mujer grande, con pelo largo rizado y tez morena. Su mano, fuerte, con uñas largas coloreadas con esmalte rojo, descansaba sobre el regazo de un hombre menudo que apoyaba su mano sobre la de ella. El semblante del hombre, pálido y brillante como el alabastro, albergaba una mirada pensativa. Supuse que sería Pedro.

La llamé por su nombre, y los dos se pusieron de pie. Me presenté yendo hacia ella y, tras tenderme la mano para que la estrechara, me presentó a Pedro. Lo saludé y le pregunté si tenía intención de pasar a consulta junto con Carmen. Se miraron el uno al otro, esperando que el otro hiciera un gesto o mostrara su posición al respecto.

Me quedó claro que no habían hablado de ello antes de la consulta. Sé por experiencia que la manera en la que se comportan las personas cuando las veo a solas o cuando las veo en pareja difiere mucho. A solas, uno se permite hablar libremente, sin tener que inhibirse. Pero cuando vienen en pareja la historia es otra. Hay interrupciones, desacuerdos sobre la exactitud de la historia que está contando uno de ellos, temas peligrosos que se evitan, etc.

Después de mirarse unos segundos y algún "a mí me da igual, ¿tú qué prefieres?" y otro "pues a mí también, como tú digas", finalmente me miraron y me dijeron:

- Entraremos los dos. Compartimos todo, así que no tenemos secretos.

Pasamos a la sala y miraron las dos butacas de cuero a un lado de la sala, y al sofá que se encontraba en el lado opuesto, a una distancia de unos dos metros. Se miraron varias veces y, tras un gesto de Carmen, se sentaron en el sofá, con vistas a un gran ventanal que había enfrente. Yo ocupé una de las butacas.

Les expliqué que, a mi entender, la razón por la que nos encontrábamos reunidos era que querían asesoramiento sobre sus hijas. Los dos asintieron con la cabeza. Me contaron que Rafaela tenía once años, María nueve y Silvia seis. Todas sabían que papá estaba enfermo y eran conscientes de que visitaba el hospital con frecuencia. Pero no les habían contado nada sobre la enfermedad o el estado de ésta.

Hablamos un poco de las reacciones más comunes en los niños, y de lo que podría esperarse a la edad de cada uno de ellos. Pero también les dije que en la gran mayoría de las familias que he tratado los niños tienden a encarnar los conflictos que sus padres no afrontan. Y cuando más joven es el niño, en mayor medida.

De todas formas, parecía que las niñas se sentían bien arropadas y, por ahora, la información que les habían dado era suficiente y necesaria. Les comenté también que a los niños hay que procurarles información que no sea demasiado compleja y elaborada y en un lenguaje que puedan entender.

Me sentí satisfecho de que estuvieran haciendo lo correcto con ellas. Me dijeron que los profesores del colegio eran conscientes de la situación y que había una mujer encargada de la provisión de apoyo escolar a la que las niñas acudían cada semana para hablar de sus preocupaciones.

Me preguntaron qué debían decirles:

- Es importante que cualquier información que se les dé sea congruente con lo que ellas puedan observar, les dije. Los niños son muy astutos y perciben cosas a veces mucho antes que los adultos. Estoy seguro de que habrán notado ya varios cambios. Puede que no entiendan algo como "papá tiene cáncer", pero quizá sí algo como papá está cada vez más enfermo y los médicos están intentando hacer todo lo posible para ayudarlo. Todavía quedan algunas cosas que pueden intentar, pero son cada vez menos. Hay que tener en cuenta que vosotros sois los que mejor conocéis a vuestras hijas y, sin lugar a dudas, sabéis mejor que yo qué lenguaje utilizar.

- Sí, podríamos decirles algo así. . . - dijo Carmen mientras los dos se mantenían atentos.

- Bueno, también hay que tener en cuenta que lo que les digáis dependerá mucho de la idea que vosotros mismos tenéis sobre lo que esté pasando con Pedro - asintieron como si trataran de hacerme saber que entendían.

Hubo una breve pausa y les pregunté:

- Si no supiera nada sobre Pedro y os preguntara a los dos por separado qué es lo que le está pasando, ¿qué me contestaríais?

- Pues que tiene un cáncer que en principio es incurable, -se aventuró Carmen- y que le están dando varios ciclos de quimioterapia para matar al cabrón. ¡Perdón! - dijo llevándose la mano a la boca.

- No pasa nada- la tranquilicé. - Y Pedro, ¿tú qué me contarías?

- Pues que estoy muy enfermo y que no me queda mucho tiempo de vida. . . - dijo con los ojos húmedos.

- Bueno, ¡por favor! - dijo Carmen. -¡No seas negativo! Estás en tratamiento, te sientes mejor que antes y parece que tienes más energía que hace dos semanas. . .

- Estoy preocupado por que las cosas no salgan bien - agregó Pedro. - El médico dijo que la probabilidad de que haya complicaciones es baja, pero siempre existe. . . , está ahí.

Hubo una pausa breve, y aproveché para intervenir:

- Carmen, ¿tú sabías lo preocupado que está Pedro?

- No - dijo ella sorprendida, -hemos hablado muchas veces sobre el tratamiento, pero nunca había surgido este tema. . .

- No me cabe ninguna duda de que habéis hablado mucho de ello - les dije - y que no andáis escondiendo nada el uno del otro. Creo que cuando decís que no guardáis secretos lo decís de verdad. Pero, por muy sana y abierta que sea vuestra comunicación, hay muchas cosas que no sabéis el uno del otro. Y este tipo de disonancias son las que los niños pueden percibir.

Se miraron durante unos segundos, y luego Carmen dijo mirándome:

- ¡No me esperaba para nada que fuéramos a tener una sesión así! Yo venía pensando que hablaríamos de las niñas y ya...

- Entiendo – respondí. - Pero por lo que he podido observar en muchos casos, los niños suelen ser el síntoma de algo más grande. Puede ser como el testigo de la gasolina en el salpicadero de tu coche: la luz no es el problema que hay que corregir, sino lo que te indica dónde hay que mirar.

El reloj grande que colgaba de la pared frente a mí marcaba casi la hora de concluir la consulta y les pregunté si querían volver a verme. Se miraron y tras susurrar durante unos segundos me dijeron que querían venir a verme una o dos veces más.

*****

Cuando pasé a recibirlos a la sala de espera, estaban sentados en los mismos asientos que la última vez, en la misma postura, con la mano de Carmen reposando en el regazo de Pedro.

Pasaron a la consulta y se sentaron en el sofá. Era un día oscuro y la luz que entraba por el enorme ventanal frente a ellos era más bien tenue. Desde mi butaca solo podía ver un par de siluetas delante de mí, y apenas podía descifrar su expresión facial. Encendí las dos lámparas de pie situadas en las dos esquinas de la sala. La luz devolvió a sus caras la expresión, indispensable para mi trabajo.

Carmen, quien solía llevar la voz cantante, comenzó a relatar que habían empezado a hablar un poco más de sus sentimientos y a ahondar más en sus diferentes maneras de interpretar las situaciones. Se sentían más unidos, más fuertes y habían encontrado más puntos de encuentro entre los dos.

Las niñas se habían tranquilizado un poco, y Silvia había comenzado a verbalizar sus sentimientos un poco más. Durante la semana pasada, en mitad de la noche, había aparecido en su cama con Leoncio, un león de peluche con botas negras sin el cual no podía dormir y despertó a Carmen diciendo que tenía miedo. Ella la acogió en su regazo y la tranquilizó durante unos minutos abrazándola. Después de hablar un rato y asegurarle que todo estaba bien, Carmen cogió a Silvia y a Leoncio en brazos y los llevó a su cama. La tapó bien, metiendo las sábanas y la manta bajo el colchón de manera que quedaran bien tirantes, como a ella le gustaba, la besó en la frente, dio un beso a Leoncio y se dirigió hacia el pasillo cerrando la puerta. Antes de que lo hubiera hecho del todo, oyó cómo Silvia le pedía que no la cerrara por completo. ´Vale´, dijo Carmen, despidiéndose y dejando la puerta entreabierta.

Les comuniqué mi opinión diciendo que, si ellos estaban hablando más y siendo más abiertos el uno con el otro, no me extrañaba que Silvia se sintiera más capaz de compartir sus miedos con ellos. Parecieron satisfechos al respecto.

Después de que me pusieran al día de los últimos acontecimientos sobre el tratamiento, comenzamos a valorar cómo estaban entre ellos, Pedro y Carmen, y exploramos lo que cada uno necesitaba del otro para poder sentirse más apoyados.

Carmen expresó su necesidad de que Pedro confiara más en ella y le contara lo que le preocupaba. Sentía que muchas veces ni siquiera sabía lo que le pasaba por la cabeza. Era consciente de que Pedro había estado en un colegio interno desde una edad temprana, y que había aprendido a acorazarse y a no expresar sus sentimientos para sobrevivir. Esto siempre había sido un elemento de discordia en su relación, pero ahora que sus dificultades se habían acentuado de manera exponencial, Carmen necesitaba más que nunca que Pedro se abriera.

Pedro escuchó atentamente y, tras mirar momentáneamente al suelo, reconoció sentirse asustado. Su coraza se fue derritiendo poco a poco y, con voz apagada y un gran nudo en la garganta, verbalizó su miedo a dejar sola a Carmen cuando él muriera. Se sentía fracasado como padre y como esposo y le producía terror pensar que la iba a dejar viuda. ¿Cómo se las iba a arreglar una mujer joven con tres niñas? Esto era lo que más le aterraba de su muerte.

Carmen, con su mano extendida hacia él, lloraba desconsoladamente. Él se unió a ella y compartieron lágrimas juntos. Tras unos minutos, Carmen levantó la cabeza y respondió a Pedro. Le dijo que ella también estaba aterrada y que no podía imaginarse su vida sin él. Sabía que iba a ser un golpe para las niñas, pero también le dijo que obtendría ayuda de su familia y que no se preocupara, que era una mujer fuerte y, que, de una manera u otra, saldría adelante.

Les expresé lo conmovido que me sentía presenciando un intercambio tan sincero y tan íntimo, y les invité a conectar con este sentimiento de aprecio mutuo que acababan de mostrarse el uno al otro, ya que podría servirles como alimento durante un periodo tan difícil como este.

Se miraron y, entre lágrimas, se abrazaron.

****

La semana pasó volando, y antes de darme cuenta, ya era el día en que me tocaba volver a ver a Pedro y Carmen.

Sonó el teléfono en mi oficina informándome de que habían llegado. Bajé las escaleras de caracol que conducían a recepción, y a través del cristal de la puerta que nos separaba, divisé a Carmen sentada en una silla. Me sentí ligeramente decepcionado de no haberlos encontrado en la misma postura que las semanas pasadas.

Carmen me informó que Pedro había ido al baño y que no se encontraba demasiado bien. Esperamos unos minutos hablando de cosas livianas hasta que vi abrirse la puerta del baño. Pedro había sufrido una clara pérdida de peso. Su piel pálida y aspecto endeble reflejaban un deterioro que le hacían aparentar al menos veinte años más de los que tenía.

Tardamos más de lo habitual en llegar a la consulta ya que Pedro caminaba con dificultad, con su brazo izquierdo sobre los hombros de Carmen, mientras ella lo asía alrededor de la cintura con el derecho.

Entramos en la sala y se sentaron en el sofá. Era un día soleado y la luz que entraba por la ventana permitía ver con nitidez el rastro que la enfermedad y el tratamiento estaban dejando en la cara de Pedro. Se le veía demacrado, con ojos cansados y ojeras pronunciadas.

Sin embargo, anímicamente se encontraban mejor que nunca. Habían pasado mucho tiempo juntos y por lo visto habían compartido momentos íntimos. Pedro necesitaba irse a la cama pronto, porque se sentía fatigado al final del día. Carmen necesitaba seguir recogiendo la casa y preparar las cosas para llevar a las niñas al colegio al día siguiente. En estos casos, Pedro se sentía solo y necesitaba sentirse arropado. Se lo comunicó a Carmen, cosa que nunca antes hubiera hecho, y los dos acordaron que cuando él se fuera a la cama ella iría con él, se tumbaría a su lado abrazándolo durante unos minutos, y después reanudaría sus tareas. Así lo habían hecho, y los dos se habían sentido mejor por ello.

Volvió a salir el tema del temor a la vida después de que Pedro falleciera. Era un tema claramente importante para ambos. Hablaron un rato, lloraron, se abrazaron y se les ocurrieron algunas ideas que Carmen podía implementar para sentirse más apoyada. Esto era importante para los dos, ya que a ella le tranquilizaba pensar que podría sentirse menos sola, y a Pedro le tranquilizaba saber que Carmen estaría mejor cuidada.

Aproveché una pausa relativamente larga para reconocer que era muy importante pensar en estas cosas, y que me alegraba de que hubieran podido encontrar la valentía para hacerlo, ya que con frecuencia es más fácil ignorarlo. También les dije que a veces, mientras uno trata de hacer planes de futuro, en este caso para cuando Pedro no estuviera, uno se podía perder el presente. Los invité a enfocar su atención en el hecho de que todavía estaban juntos, y que aprovecharan la oportunidad para decirse las cosas que necesitaban contarse mientras pudieran.

Pedro le dio las gracias a Carmen por estar siempre ahí para él. Le pidió perdón por no haberse comunicado mejor con ella antes. Le dijo que desde que la vio bailar en aquella fiesta hacía tantos años, se había quedado completamente prendado, y que había pasado con ella los mejores años de su vida.

Carmen, con un nudo en la garganta, le dijo que no fuera tonto, que no había nada que agradecer. Le dijo que nunca nadie la había tratado tan bien como lo había hecho él. Le dijo que era la mejor persona que había conocido nunca, y que era una suerte que sus hijas hubieran tenido ese modelo de referencia. Le comunicó su intención firme de hablar a las niñas de su padre de manera que se sintieran orgullosas para siempre.

Se volvieron a abrazar, pero al instante vi cómo el cuerpo de Pedro se tensaba. Carmen lo había notado también. Pedro se llevó la mano a su costado, y se quejó de sentir dolor.

*****

Quedé anonadado cuando volví a ver a Pedro la semana siguiente. Había adelgazado todavía más, y su aspecto era el de un esqueleto cubierto por una capa fina de piel, esta vez con un tono amarillento.

Su dificultad para andar hasta la sala era notable, y tuvo que descansar con los ojos cerrados durante un par de minutos antes de poder empezar la sesión.

Al inicio de la reunión quise ofrecerles mi reconocimiento por el trabajo que estaban haciendo. Para Pedro habría sido mucho más fácil quedarse en la cama, pero realizó un esfuerzo descomunal para estar presente física y emocionalmente en un momento verdaderamente difícil. A su vez, Carmen también estaba poniendo todo por su parte para hacer un trabajo emocional muy doloroso en vez de salir corriendo, lo cual me parecía admirable.

Pedro se mantuvo callado durante un buen rato, mientras Carmen me informó de que los últimos resultados no eran nada buenos. La enfermedad había llegado al hígado y, según su oncólogo, la esperanza de vida era de pocas semanas.

Pedro se movía inquieto de un lado para otro y la incomodidad era visible en su rostro. De vez en cuando fruncía el ceño, en lo que interpreté como señal de dolor.

Con voz rasgada comenzó a decir que le dolían las entrañas. Carmen le dijo que ya había consumido la dosis máxima de los medicamentos que le habían recetado para el dolor, y Pedro, con un susurro, nos comunicó que necesitaba salir fuera y darse un paseo. Convenció a Carmen para que se quedara conmigo y la tranquilizó diciendo que solo podía andar unos escasos metros y que lo haría por recepción. Había gente que podría ayudarlo si lo necesitaba.

Carmen se quedó conmigo unos pocos minutos. Me confesó que le dolía el corazón pero que a la vez estaba contenta, si es que se puede utilizar esa palabra, por haber podido compartir unos momentos significativos con Pedro. Le dije que esperaba que esos momentos le quedaran como recuerdos maravillosos para el resto de su vida.

Empezó a sentirse inquieta por Pedro, y decidió acudir en su busca. Me dio las gracias, se despidió y salió por la puerta apresuradamente.

******

Al día siguiente, me advirtió una compañera que había estado en la reunión que se celebraba en planta todas las mañanas, que habían ingresado a Pedro. Era una admisión terminal.

Traté de ir a verlo un par de veces, pero siempre había algún médico, familiar o alguien en su habitación, y no conseguí verlo. Por la tarde, pasando al lado de la capilla, vi a Carmen sentada en un banco con una niña en su regazo, quien la abrazaba con fuerza. Debía de ser Silvia.

Sin querer interrumpir le pregunté si estaba bien y me susurró que sí. La niña giró la cabeza hacia mí y, tras una corta mirada, volvió a girarla en sentido opuesto. Carmen me dijo que Pedro estaba inconsciente, pero que estaba en paz y que todo estaba bien.

Me enteré al día siguiente que había muerto durante la noche.

Cuando pienso en Pedro y Carmen, me sigo sintiendo conmovido por el trabajo que tuve el privilegio de presenciar. Pude haber dirigido las sesiones de vez en cuando, pero la gran mayoría del trabajo lo hicieron ellos. Expresaron sus miedos, hablaron de sus inquietudes, se mostraron amor y agradecimiento, y confiaron en mí lo suficiente para dejarme presenciarlo. Me dejaron entrar en su intimidad.

Y lo que me resulta más admirable de todo ello es que no tuvieron por qué hacer nada de ello. En la primera sesión, después de haber hablado de las niñas y haberles transmitido que parecía que estaban bien atendidas, podían haber decidido marcharse a casa y no volver más. Pero decidieron volver y poner todo por su parte para transformar una situación que se puede vivir como sórdida y sin sentido en una experiencia plena, humana e íntima: un regalo inesperado para todos.

Suele ser habitual ocultar información a nuestras parejas. Hay veces que decidimos de manera activa no compartir algún pensamiento o sentimiento, porque pensamos que no recibirán la aprobación por parte de nuestro cónyuge. Este tipo de información es la que podemos definir como secreto propiamente dicho.

Sin embargo, como ilustra el caso de Carmen y Pedro, hay innumerables ocasiones en las que nuestras parejas no conocen cierta información sobre nosotros y no somos conscientes de ello. Con frecuencia, son datos que pensamos que son conocidos. Otras veces, no nos hemos parado a pensar en ello.

Pedro y Carmen no habían hablado sobre una multitud de cosas y a su vez, ellos estaban convencidos de que sí.

Las tensiones que no verbalizamos son las que los niños acaban representando, porque ellos sí que las perciben.

Los niños pequeños son un espejo de lo que pasa en la relación conyugal y en este caso, Silvia brindó la oportunidad a sus padres de poder articular y trabajar algo que ni siquiera sabían que estaba pasando. Este fue su regalo a sus padres y ellos lo aceptaron.

A través de su trabajo psicológico consiguieron llegar a solucionar sus conflictos, aún cuando éstos se remontaban a un pasado distante, y llegaron a compartir sus sentimientos más íntimos durante el final de su vida juntos.

Los resultados fueron visibles en la conducta de las niñas, pero, sobre todo, en el agradecimiento y la admiración que sintió Carmen tras la muerte de

Pedro. Estoy seguro de que también sintió dolor, lo echaría en falta y quizá sintiera culpa o algún otro sentimiento esperable en su situación. Pero quedarse, además, con rencores, enojo y resentimiento, por ejemplo, en vez de una sensación de paz y gratitud pueden suponer una gran diferencia el resto de la vida.

2

ALGO A LO QUE AGARRARSE

Llegué a mi destino impresionado todavía por la belleza del paisaje. Era una mañana fría y las hojas de los árboles formaban un precioso mosaico de colores otoñales.

Estacioné el coche ante la casa, paré el motor y eché un último vistazo a los papeles que guardaba en una vieja carpeta roja que siempre llevaba en el asiento del pasajero cuando visitaba a algún paciente en su domicilio.

Mi mirada se centró en el portón de madera, de roble macizo, que me separaba del misterio que me disponía a descubrir esa mañana. ¿Quién era Violeta? ¿Cómo había sido su vida desde que nació hacía ochenta y dos años, hasta encontrarse hoy encerrada en su casa?

Tenía muy poca información sobre ella, aparte de su diagnóstico de cáncer de ovario hacía poco más de un año, diseminado por gran parte de sus órganos vitales. Por lo que me comentó la enfermera, hacía un par de semanas que Violeta se había negado a comer y no hablaba con nadie. La enfermera pensaba que estaba deprimida, y me pidió que fuera a verla para ver qué podíamos hacer por ella.

Una señora de unos setenta y cinco años me abrió la puerta con una sonrisa. Me dijo que era Margarita, la única hermana de Violeta. Un pasillo estrecho enmoquetado, de color crudo, conducía a lo que parecía una sala de estar con una enorme cristalera que daba al jardín.

Margarita me invitó a entrar y me pidió acompañarla a la cocina para hablar un rato a solas antes de ver a Violeta.

Tras descalzarme y dejar mis zapatos en la entrada, la seguí hasta la cocina donde había una mesa y un par de sillas. Me invitó a que tomara asiento y nos sentamos en silencio. Había un ligero olor a tostada en el aire. Margarita me miró brevemente a los ojos, justo antes de bajar su mirada y ponerse a sollozar.

Estaba preocupada por Violeta. Hacía un par de semanas que se había negado a comer. Bebía agua cuando se le ofrecía, pero incluso rechazaba la oferta de una taza de té. ¡Con lo que le gustaba el té!

Por lo que relataba, Violeta no había articulado más de una docena de palabras en los últimos días, cosa que era muy poco común en ella. En su época activa había trabajado como jefa de un centro de atención al cliente para una aerolínea y gestionaba un equipo de operadores telefónicos. Siempre le había gustado hablar.

Margarita era su única hermana y era menor que ella. Vivía sola en un pueblo de la costa, donde había residido desde que se jubiló. Nunca se había casado. Cuando se enteró del estado de Violeta vino a vivir con ella para cuidarla. Era la única familia que le quedaba, ya que el marido de Violeta había muerto hacía doce años y no habían podido tener hijos. Me pidió entre sollozos que hiciera lo que pudiese para animarla.

Salí de la cocina y me adentré en el pasillo que desembocaba en la sala de estar, donde se encontraba Violeta. El enorme ventanal enmarcaba un paisaje extraordinario: al otro lado de una gran campa se divisaban unas colinas cubiertas por un bosque y el color verde intenso de la hierba contrastaba con las tonalidades ocres y bermejas de los árboles. El silencio dentro de la casa era comparable únicamente al tipo de silencio que solamente puede oírse en una iglesia vacía, con la interferencia ocasional del canto de algún gorrión que se posaba en el suelo para picotear en la tierra. Era como un santuario de la Naturaleza.

En el centro de la sala me encontré con una mujer octogenaria, de cabello lacio y con aspecto de no haberse aseado en algún tiempo. Vestía una blusa blanca y una falda gris que le quedaba por debajo de la rodilla. Sus piernas presentaban un tono ligeramente amoratado y justo encima de sus zapatillas de casa, se podía observar que tenía los tobillos hinchados. Tenía los ojos cerrados.

Me presenté, mientras ella continuaba con los ojos cerrados y, de no haber sido porque alzó las cejas, no habría estado seguro de que me hubiera escuchado. Le pedí permiso para sentarme y asintió con la cabeza. Alcancé una silla que se encontraba cerca de una mesa de madera ovalada con un gran frutero medio vacío y me senté delante de ella, a un par de metros de distancia.

Traté de entablar conversación con ella, pero estaba claro que no tenía intención de hablar. El silencio que hace unos minutos tenía una cualidad casi espiritual había adquirido de repente un carácter ensordecedor.

Mis esfuerzos por conectar con Violeta resultaban inútiles, y mientras veía cómo mi sentimiento de impotencia aumentaba, seguía observándola para ver si podía captar el menor indicio de que mis intentos tuvieran el más mínimo efecto en ella. Tenía una mano sobre la otra y ambas descansaban sobre su regazo.

De pronto, su mano derecha se deslizó lentamente y fue a parar a su abdomen. Al cabo de un par de segundos, comenzó a moverla suavemente de manera repetida, como si se estuviera acariciando el vientre.

Aproveché la oportunidad para hacerle ver que había notado su movimiento, y nada más verbalizarlo, se detuvo. La invité a que siguiera, y tras dudar por un momento reanudó el movimiento sobre su estómago.

-Si su mano estuviera tratando de expresar algo, ¿qué cree que estaría diciendo? - le pregunté.

Tras permanecer inmóvil durante un instante, alzó su mano ligeramente e hizo un gesto como de querer agarrar algo.

- Necesito agarrar algo - dijo. Con la mano todavía ligeramente alzada, abría y cerraba el puño delante de ella. - Necesito algo que agarrar.

- ¿Algo que agarrar? - le pregunté.

- Sí, algo que agarrar - me respondió.

- ¿Tiene idea de qué es lo que necesita agarrar?

- Necesito algo a lo que agarrarme. ¡Cualquier cosa! - prosiguió - ¡Siento que me estoy cayendo y no tengo dónde agarrarme!

Me alcé de mi asiento sin pensarlo y me arrodillé en el suelo lentamente, junto a su silla. Le tendí mi mano, pero como todavía tenía los ojos cerrados, tuve que verbalizar mi invitación:

- Aquí delante tengo mi mano, si quisiera agarrarla... - La invité.

La agarró con fuerza, con una mano primero y con la otra después, mientras lloraba desconsoladamente.

Permanecimos en silencio durante unos instantes, mientras Violeta seguía sollozando. El silenció adquirió esta vez un carácter íntimo. Giró la cabeza en la dirección en la que me encontraba y sus ojos, todavía cerrados, seguían desprendiendo algunas lágrimas que le resbalaban por ambas mejillas. De cerca, podían verse las arrugas que el paso del tiempo había ido dejando en su cara.

Lentamente, empezó a parpadear, pero tanto las lágrimas como el hecho de que había permanecido con los ojos cerrados durante mucho tiempo le impedían mantenerlos abiertos. Poco a poco, fue aumentando el tiempo entre parpadeo y parpadeo y nos miramos a los ojos durante algún tiempo. Esbozó una sonrisa y me dio las gracias.

Conversamos durante un rato más y me comunicó que se sentía sola. Estaba muy agradecida a su hermana Margarita y quería poder apoyarse en ella, pero le daba miedo. Estaba aterrorizada por su enfermedad y por sus perspectivas de futuro. Su pobre marido había pasado una larguísima enfermedad repleta de síntomas muy desagradables, como náuseas, dolor y ansiedad extremos.

Le comuniqué que se acercaba la hora de marcharme y asintió con la cabeza. Me dio las gracias con una cálida sonrisa y me apretó la mano a la que había estado asida durante un buen rato, antes de soltarla para que pudiera irme.

Me adentré en el pasillo una vez más, esta vez en dirección opuesta a la que vine. Me detuve a la altura de la entrada de la cocina con intención de despedirme de Margarita, a quien encontré secando unas tazas antes de meterlas en un armario.

Me miró con cara de expectación y me preguntó cómo había ido. Respetando en todo momento la confidencialidad, le dije que todo había ido bien y que había conseguido que hablara. Súbitamente, salió de la cocina y fue a la sala donde se encontraba Violeta, la miró a los ojos y se percató de que había estado llorando. Se fundieron en un abrazo.

Me dirigí hacia la puerta de entrada; la misma puerta de madera de roble que hasta esa mañana escondía el misterio del que ya conocía un poco más. Me calcé los zapatos y según abrí la puerta, Margarita vino a despedirse. Me cogió ambas manos y me dio las gracias.

El camino de vuelta hacia el centro de cuidados paliativos donde trabajaba me resultó todavía más bello, si cabe. Me sentía privilegiado de poder entrar en la vida de personas dispuestas a compartir conmigo su búsqueda existencial en un momento tan intenso como la llegada de su propia muerte. Conmovido, me dejé empapar por la belleza del paisaje y, por mucho que pareciera que la Naturaleza fuera a claudicar ante el frío y cruel invierno, sabía que la promesa de la resurrección tardaría en manifestarse poco más de medio año.

A los pocos días me topé con la enfermera que me había derivado a Violeta. Me dijo que había seguido hablando con su hermana y que su relación se había vuelto más profunda y significativa. Las dos estaban contentas con el resultado.

La visité un par de veces más y hablamos de algunos de sus miedos, además de procesar la pérdida de su marido. Mientras éste estuvo enfermo, Violeta había estado demasiado ocupada cuidando de él y no aceptó ninguna ayuda externa, ni siquiera después de haber fallecido. Había enterrado gran parte de su dolor y encontró distracciones que aliviaron la intensidad de su soledad.

Todo parecía ir lo bien que pueden ir estas cosas, dadas las circunstancias, y empecé a pensar en terminar mi trabajo con Violeta. Había poco más que pudiera hacer por ella y era hora de dedicar mi tiempo a otros pacientes que pudieran necesitar más de mi atención.

Una mañana lluviosa de noviembre recibí una llamada de la enfermera diciéndome que Violeta estaba en el hospital. Se había levantado de la cama la mañana anterior y al tratar de bajar las escaleras, tropezó y cayó al suelo, fracturándose la cadera. La trasladaron en una ambulancia y había ingresado en urgencias. Tras haber sido asistida la trasladaron a una habitación compartida donde se hallaba inconsciente. La enfermera me comunicó que podía ir a visitarla si quería. Dudaba que jamás volviera a recuperar la consciencia y era probable que le quedaran pocos días de vida.

La fui a visitar al día siguiente y me encontré con Margarita en la sala de espera. Acababa de tener una conversación con los médicos y tenía la mirada triste.

Me senté en una silla junto a Violeta y me presenté. No obtuve respuesta. Tenía una pulsera de plástico de las que se coloca a los pacientes hospitalizados, y un tubo conectado a una aguja inyectada en la piel, entre el dedo pulgar y el índice. Tomé su mano y tras no obtener respuesta a un par de intentos de comunicación, comprendí que estaba inconsciente. Pero todavía me quedaba la duda de si podía escucharme o no.

Me tomé mi tiempo para despedirme y para compartir con ella el privilegio que había sido para mí trabajar con ella además de lo que me había conmovido el que hubiera decidido estar presente en la última etapa de su vida. Cuando la visité por primera vez no tenía por qué haber abierto los ojos, ni haber hablado conmigo, ni con su hermana. Pero decidió hacerlo, y le dije que estaba seguro de que esto habría marcado una gran diferencia para su hermana Margarita, para el resto de su vida.

Permanecí sentado en silencio agarrando su mano durante lo que me pareció un rato largo, y cuando sentí que había cerrado con Violeta, me levanté y me fui a la sala de espera, donde Margarita estaba terminando su café.

Charlamos durante unos minutos y nos tomamos el tiempo para despedirnos. Los dos verbalizamos nuestra gratitud hacia el otro y reconocimos el valor del trabajo que Violeta había decidido hacer al final de su vida. Me alejé con una sensación que me resultaba muy familiar en estos casos: una mezcla de tristeza y celebración, que a veces puede rozar ligeramente la euforia.

Tres días más tarde recibí un mensaje escrito a mano por la enfermera. Violeta había sido trasladada del hospital a nuestro centro la noche anterior, como siempre lo había deseado, y a altas horas de la madrugada exhaló por última vez.

Resulta fascinante ver cómo los seres humanos nos comportamos en algunas situaciones. Aunque esas conductas no parecen seguir la lógica, un examen con más detenimiento demuestra que tienen mucho sentido.

El caso de Violeta ilustra un comportamiento de este tipo. La situación de aislamiento voluntario en la que la encontré cuando la vi por primera vez presentaba un ejemplo claro de autoagresión: estaba negando sus necesidades biológicas de comida y agua, además de aislarse del contacto con otros seres queridos. La contradicción era que se estaba matando porque no quería morirse.

Pero vista la situación desde otra perspectiva me ayudó a dar con la clave para sacar a Violeta de donde estaba. Cortar el contacto con el mundo exterior puede servir como una especie de anestesia para no sentir el dolor. Como cuando tomamos un analgésico, el suceso que provoca el dolor sigue estando presente, pero inhabilitamos la manera de sentirlo. No solo el dolor, sino cualquier tipo de sensación.

Violeta dejó de sentir, pero su necesidad de nutrirse, hidratarse y sentir el contacto humano no habían desaparecido. Como el instinto de supervivencia es muy difícil de suprimir, este se manifiesta de manera inconsciente cuando tratamos de anularlo de manera consciente. Violeta estaba aterrada, como terminó confesando más tarde, y necesitaba consuelo. Esa necesidad de consuelo se me hizo manifiesta cuando comenzó sutilmente a acariciarse el vientre.

No haberme percatado de su movimiento podría haber tenido consecuencias trágicas para las dos hermanas. Captarlo y verbalizarlo antes de que estuviera preparada podrían fácilmente hacer que se cerrara todavía más. La combinación de trabajar para que el enfermo confíe en el profesional junto con mucha paciencia, hace que éste último pueda tenderle su mano para que el paciente tome el riesgo de ponerse a descubierto y dejarse ver.

El dolor vuelve una vez pasado el efecto de la anestesia, pero también vuelven el placer de ser acariciados y toda la gama de sensaciones y sentimientos posibles en la dimensión humana. Violeta eligió sentir y fue un regalo para sí misma y para Margarita. Indirectamente, también lo fue para mí y para la enfermera que me la derivó.

3
ATRAPADO SIN SALIDA

- ¡Sonaba a que tiene muy mala leche! - me dijo su enfermera según abandonaba su despacho.

Sentí una mezcla de curiosidad, nervios y un poquito de miedo mientras echaba un último vistazo al historial médico de Eduardo antes de ir a verlo a su casa.

Un hombre de cincuenta y cuatro años, separado de su mujer y sus dos hijas hacía ya dos lustros, que había dejado claro tantas veces su historia a cualquier persona del centro que el abandono y la injusticia que sentía ocupaban un papel central en su vida. El cáncer avanzado que le localizaron en la próstata era la gota que colmaba el vaso.

La carretera mojada y la incesante lluvia que formaba un río en el cristal de mi coche requerían gran parte de mi atención. Sin embargo, ni el frenesí de los limpiaparabrisas a velocidad máxima ni el ruido que generaba el aire caliente al tratar de evitar que el cristal se empañara fueron suficientes para prevenir que le diera vueltas a la conversación que había tenido sobre Edu con su enfermera.

Lo describió como un hombre solitario que claramente había estado acarreando un sentimiento de amargura desde que su matrimonio se había derrumbado. Tras trabajar de informático para diferentes instituciones, creó su propia empresa cuando estaba a punto de cumplir los cuarenta años.

Su nuevo proyecto le requería toda su atención y pasaba los días trabajando de sol a sol y, de manera frecuente, hasta bien entrada la media noche. Era solamente durante unos meses, hasta que la empresa tomara impulso y le permitiera tomarse más tiempo libre para estar con su familia -se decía.

Sin embargo, los meses se convirtieron en años y todavía no había señal de que pudiera tomarse el tiempo que tanto deseaban él y los miembros de su familia. La relación de Edu y su mujer se fue deteriorando hasta que un día ella se hartó de esperar. Habían sido muchos años de ansia, de tener un marido casi inexistente y que cuando pasaba por casa se caracterizaba más por su humor rancio y cortante que por otra cosa.

Las discusiones se hicieron cada vez más frecuentes y observarlas se convirtió en un hábito para las niñas. Tras gritos y reproches mutuos, siempre terminaban con Marisa llorando mientras Edu le aseguraba que sólo tenían que aguantar un poquito más.

Un día, imprevistamente, Edu llegó a casa y se la encontró vacía. Había una nota sobre la mesa de la cocina en la que Marisa le comunicaba que se había ido a casa de su madre con las niñas. Ya no podía más.

Además de su gran resentimiento hacia Marisa por marcharse y dejarlo solo, Edu sentía que, ahora que su empresa estaba empezando a generar algunos beneficios, los gastos se habían multiplicado como consecuencia de la separación, y a Edu le costaba mantener la empresa y la familia a flote.

La enfermera me había transmitido que la ira de Edu se había hecho palpable en la primera y última cita que tuvieron y quiso que fuera a verle a casa para establecer si podría beneficiarse de una intervención psicológica.

El porche de la casa donde vivía Edu se asemejaba más a un trastero que a otra cosa. Había cajas vacías, ladrillos, bolsas de basura llenas de quién sabe qué. La puerta y las paredes estaban recubiertas de un polvo gris que casi con seguridad provenía de unos sacos de cemento entreabiertos tirados por el suelo.

Toqué el timbre y al abrirse la puerta roja de metal que nos separaba, me quedé cara a cara con un hombre alto y delgado, con unos vaqueros sucios y un polo granate con el cuello desgastado y deshilachado por las mangas. Sus ojos verdes inquisitivos se asomaban bajo una frente cubierta por un cabello despeinado y por encima de una barba descuidada. La falta de aseo era evidente y la casa no debía de cumplir los estándares mínimos de higiene.

Me presenté y, dubitativo, hizo un ademán con la cabeza para que entrara tras él. Me ofreció un café y rechacé su oferta educadamente tratando de ocultar la repugnancia que me invadió al imaginar el proceso en unas circunstancias tan poco higiénicas.

Caminaba con dificultad y me condujo hasta la terraza interior que daba a su jardín trasero. El estado del jardín me sorprendió bastante, ya que parecía relativamente cuidado y ordenado. La estrecha y alargada terraza consistía en un muro de ladrillo de poco más de un metro de alto a un lado y el muro exterior de la casa por el otro. El muro que daba al jardín soportaba una amplia cristalera que se alzaba hasta encontrarse con un techo también de cristal. En el angosto espacio había una mesa alargada con una silla en cada cabecera. La luminosidad que aportaba la cristalera era lo único que salvaba aquel espacio de la claustrofobia.

Edu se paró al llegar a la terraza y me invitó a que me sentara donde quisiera. Queriendo estar tan lejos de él como me fuera posible y pensando en sus dificultades para caminar, dejé la entrada hacia la casa a mi espalda y decidí sentarme en la silla más lejana. Para ello, atravesé con dificultad el escaso espacio que dejaba la mesa de madera entre cada uno de sus lados y la pared y tomé asiento entre la cabecera de la mesa y las tres paredes que me rodeaban.

Edu se sentó en la silla que se situaba en la cabecera opuesta a mí, y empecé a hacerle las preguntas habituales de una primera consulta. Comencé diciéndole que a pesar de que me había familiarizado con su historia antes de venir a verlo, me interesaría que me contara su versión actual. Enojado, me miró fijamente a los ojos:

- Ni siquiera te has leído mi historia - dijo con mirada acusadora. - ¡Cuál es el sentido de que estés aquí! - dijo, golpeando el apoyabrazos de su silla con la palma de su mano abierta.

- Perdona, Edu - le dije, tratando de calmarlo. - Creo que ha habido un malentendido. Sí he leído tu historia, pero quería que me la contaras tú de primera mano...

- ¡Y qué más da! - interrumpió, golpeando la silla de nuevo. - ¡Estoy enfermo! ¡He tenido una vida de mierda! ¡La poca vida que me queda por delante va a ser una mierda y para rematarla, me voy a morir! ¿Cómo coño crees que me siento?

Su cara enrojecida era un signo claro de rabia. Su ceño fruncido y el labio inferior entre los dientes acompañaban a los golpes que daba incesantemente sobre la silla, haciendo su furia evidente.

Fue entonces cuando me invadió un sentimiento de terror. Sentí que las piernas se me paralizaban, mi corazón latía de manera trepidante y traté de controlar el ansia de empezar a hiperventilar. La cabeza me empezó a dar vueltas para buscar una salida y en ese momento es cuando me di cuenta que estaba atrapado y sin salida.

A escasos centímetros de mi espalda había una pared sólida de ladrillo. Delante de mí una mesa alargada, cuyos lados casi pegados a la pared apenas dejaban espacio para cruzar, y entre la mesa y la salida había un Eduardo furioso que parecía estar ya muy enfadado conmigo.

Tratando de equilibrarme intenté respirar con profundidad, mientras le decía a mi propia cabeza que todo estaba bien. Una vez me hube calmado, decidí compartir mi sentimiento con Edu.

- Veo que estás muy enfadado y, tras todo lo que me has contado y lo que he leído sobre tu vida, no me extraña. Puedo sentir tu enfado cada vez que golpeas la silla - traté de tranquilizarlo.

- ¡Claro que estoy enfadado!

- Siento que sea así - proseguí. - Espero que no te ofendas, pero cuando te he visto enfadado y dando golpes a tu silla, me he visto encajonado aquí, entre la mesa y la pared, sin salida. Al darme cuenta que la única salida posible era pasando por donde estás tú he sentido miedo.

Su cara se puso roja como un tomate. Sus ojos verdes adquirieron un brillo intenso, como si le salieran chispas y pegando un último golpe sobre la silla gritó enfurecido:

- ¡Cómo te atreves! ¡Cómo osas venir a mi casa y a acusarme de violencia! ¡Sal de mi casa ahora mismo! - señaló la salida con su mano derecha.

- ¿Quieres que me vaya? - pregunté para asegurarme que iba en serio.

- ¡Sí, sal! ¡Cómo coño te atreves! - decía indignado.

Con el corazón palpitante y con las manos que me temblaban me levanté de la silla, pasé a duras penas por el hueco entre la mesa y la pared y me adentré en la casa, acercándome a la puerta principal para marcharme.

Edu se sentó en el sofá y seguía expresando su indignación:

- ¡Os llamo para ver si podéis ayudarme y me tratáis de esta manera en mi propia casa! ¡Mira que acusarme de violencia a mí!

Comenzó a hablar de su dolor, de lo oscuro que lo veía todo y de que no había absolutamente nadie en su vida que se preocupara de él. Pensaba que hablar con un psicólogo podía venirle bien y decidió coger el teléfono y pedir ayuda. Y, ¿ahora qué?, se decía.

Nuestra conversación debió durar algo más de media hora desde que llegué a la puerta principal para marcharme. Estaba claro que Edu no quería que me quedara en su casa pero tampoco parecía querer que me marchase, por lo que seguimos la conversación. Yo desde la puerta y él desde el sofá.

Habló de su soledad y dejó claro que quería ver a un psicólogo, pero que por razones obvias no quería hablar conmigo. Seguía enojado y de vez en cuando, entre destellos de soledad que compartía conmigo, volvía a decirme lo indignado que estaba por lo que había pasado.

Terminamos la conversación acordando que pediría a una compañera mía que le contactara para concertar una cita con ella. Se sintió satisfecho con esto y me despedí de él.

Me monté en el coche y con las manos todavía temblorosas me dispuse a conducir de vuelta al centro. Había parado de llover y apenas quedaba algún indicio de humedad en el suelo. Las nubes se habían desplazado lejos y durante un periodo corto pero lo suficientemente largo para abarcar todo mi viaje, el cielo adquirió un color azul intenso. Los rayos del sol habían calentado el interior del coche como si se tratara de una sauna y tras abrir las ventanas y tomarme unos minutos para reponerme de la experiencia, arranqué el coche y me lancé a la carretera.

Llegué al centro un cuarto de hora después.

Al bajar del vehículo me encontré con una compañera de trabajo, que iba a su coche para hacer una visita domiciliaria. Me preguntó si estaba bien y le conté la versión resumida de lo acontecido. Me miró preocupada:

-Nunca te he visto así. Normalmente estás muy seguro de ti mismo. . . - añadió.

Compartí con ella mi sorpresa por lo sucedido. De manera extraña, tenía sentimientos contradictorios. No comprendía cómo me había podido sentir tan aterrado. Edu era un hombre vulnerable y debilitado por su enfermedad. No era más fuerte que yo y quiero pensar que una década de práctica de artes marciales me habrían permitido neutralizar cualquier ataque de manera rápida, efectiva y pacífica. Es decir, si se hubiera puesto agresivo yo no habría sentido ningún miedo y, sin embargo, me había sentido no sólo atemorizado sino aterrado. ¿Cómo podía ser esto?

Gracias a dios, me correspondía reunirme con Pablo, mi supervisor clínico, dos días más tarde. Cuando llegó el momento, me faltó tiempo para contarle la historia y así poder reflexionar sobre la situación entre los dos.

Pablo me ayudó dándome una interpretación de los hechos de la que no me había dado cuenta, aunque la conociera de sobra. Decía que el terror que yo había sentido en su casa no era más que un destello del terror que Edu debía de estar sintiendo cada día. Pensarlo de esta manera me proveyó de toda la compasión que me había faltado durante nuestra cita.

Durante los siguientes días mi pensamiento estuvo dominado por mi compasión hacia Edu. Todo tenía sentido. El sentimiento de terror y la parálisis que había sentido en su casa, atrapado y sin salida, era exactamente como se sentía él en su vida.

Hablé con la compañera que había tomado mi relevo con Edu y tras su primera cita, me dijo que había tenido una experiencia completamente diferente con él. Edu se había mostrado como un hombre tranquilo, vulnerable y abierto.

No sé hasta que punto se debía a que mi compañera despertaba otro aspecto diferente en él, o si es que nuestra primera cita cambió algo.

La naturaleza del trabajo psicológico es confidencial y nunca llegué a saber mucho sobre el trabajo que hizo con mi compañera. Sin embargo, preguntaba de vez en cuando y ella me afirmaba que estaban haciendo un trabajo importante juntos.

Un día me dijo que había muerto. Su familia no estuvo presente durante su enfermedad o su muerte y por lo que parece, llevó el proceso en soledad. Por lo que contaba mi compañera, anímicamente estaba en un buen lugar cuando murió.

Cuando recuerdo mi primera y única cita con Edu sigo sintiendo compasión y quiero pensar que, aunque solo, quizá murió menos aterrado de lo que me sentí en su casa.

El caso de Edu fue inusual, aunque no del todo. La mayoría de las personas con las que he trabajado han seguido el proceso normal con una entrevista inicial, un desarrollo y un cierre.

Mi reacción ante Edu me cogió por sorpresa ya que, de repente, me encontré atrapado por un sentimiento completamente inesperado en cuanto se refiere tanto en intensidad como en la brusquedad y en su manifestación repentina.

Esta experiencia me ayudó a cambiar mi manera de trabajar, de manera que empecé a tener más confianza en el enfoque fenomenológico. El aspecto experiencial siempre ha sido central en mi manera de trabajar con personas, además de mi opción consciente, en vez de optar por un enfoque más distante, racional y objetivo.

El caso de Edu demuestra que esta manera de trabajar permite entrar de manera mucho más rápida y directa al meollo de su vida interna y su problemática. Sin embargo, el coste puede ser muy alto.

Quizá el siguiente ejemplo sirva para aclarar mi postura. La manera más directa y rápida de establecer si el agua de una bañera esta caliente, fría o templada es introduciendo la mano. De hecho, cuando mi mano entra en contacto con el agua siento la temperatura del agua. Pero lo que realmente estoy sintiendo no es el agua ni su temperatura, sino la temperatura que perciben las terminaciones nerviosas que se sitúan en mi propia mano. Es decir, conozco la situación del otro sintiéndome a mí mismo.

Quizá utilizando un enfoque más distante, racional y científico obtendría una información más objetiva. Por ejemplo, utilizar un termómetro, analizar una muestra del agua, etc., me proporcionarían más datos sobre la temperatura exacta, la composición molecular y otros aspectos que son inaccesibles sin las herramientas mencionadas. Sin embargo, introducir la mano en la bañera ofrece otra información que no es accesible por medio del método más distante. Pero también acarrea un peligro que no afecta al método más científico: si introduzco la mano en agua ardiendo puedo quemarme la mano.

Por supuesto que este ejemplo no es más que una metáfora de lo que ocurre entre dos personas durante el tratamiento psicológico. Mi terror en respuesta a Edu podía haber servido para conectar con el suyo y articularlo. De hecho, por lo que comentaba mi compañera, sirvió para ello.

Pero creo que cometí un error de juicio clínico en mi primera cita con Edu. Verbalicé mi experiencia de una manera que no sirvió para invitarlo a conectar con la suya. Quizá me equivoqué no dándome cuenta que Edu sería incapaz de tolerar tal intensidad de terror sin una red de apoyo alrededor que cuidara de él.

Tal vez, si hubiera articulado mi experiencia de manera útil para él podríamos haber compartido el terror que sentía. A lo mejor, podríamos haber hecho un hueco para ese terror y a la vez que reconocerlo, podríamos haber buscado maneras de seguir con su vida sin ser presa de él.

Desde entonces he trabajado con algunas personas que estaban en contacto con sentimientos tan fuertes como los de Edu y me he permitido sentir reacciones tan fuertes como aquellas. Pero haciendo uso de lo aprendido, he podido articular mis sentimientos en respuesta a los suyos de manera más accesible y esto ha dado pie a hacer un trabajo profundo y conmovedor con ellos.

Sin embargo, siempre me quedó una espinita clavada con Edu. Me hubiera gustado ser yo mismo el que acabara trabajando con él.

De todas formas, debo reconocer que mi trabajo con él fue muy importante para mí y que muchas personas se han beneficiado en el futuro de aquella cita que llevé con torpeza. Imagino que Edu nunca supo la importancia que tuvo para mí y probablemente se quedó pensando que yo era un psicólogo incompetente.

No creo que fuera incompetente durante la cita, pero ciertamente me sentí y quizá me comporté como un incompetente. Pero ese no fue mi error. Mi error fue el no haber sabido crear un puente para conectar con su propio sentido de incompetencia. De marido, padre, empresario y ahora persona incompetente avanzando en contra de su voluntad a un final cruel de su vida.

No pienso que Edu fuera incompetente ni que su muerte fuera una derrota pero, desafortunadamente, el sentimiento de derrota e incompetencia ante la muerte son síntomas que he podido observar con demasiada frecuencia. Una vez más, pienso que son síntoma de una deficiencia cultural, no psicológica.

Es normal que uno se sienta incompetente cuando afronta algo nuevo que nunca le han enseñado a afrontar. Vivimos en una sociedad que educa mucho más para el éxito que para el "fracaso". Es por eso que cuando uno se siente fracasado se siente mucho más atrapado y sin saber salir. Ciertamente, la muerte es algo para lo que hay muy poca educación y sería demasiado atribuir esa incompetencia a gente como Edu, que se encontraba perdido, aterrado y atrapado sin salida.

4
CONTRA TODO PRONÓSTICO

- ¡Berta, la hija de Margarita, necesita ver a un psicólogo! - me dijo una de las doctoras. - ¡Está haciendo la vida de todos los que tratamos de cuidar de su madre mucho más difícil de lo que debería ser y todo por su propio interés personal! - agregó con tono de frustración.

Margarita era una enferma paliativa que estaba ingresada en nuestro centro. Vivía en su casa con su hija Berta y el novio de ésta, Guillermo. Margarita era una profesora de colegio jubilada y vivía en una casa modesta de protección oficial desde que murió su marido hacía diecisiete años.

Berta, por su parte, se había casado con un hombre turco y se marchó a vivir a Estambul, donde habían vivido durante los últimos veinte años y habían criado a tres hijas. Pero tras años de haber sido maltratada física y psicológicamente, Berta decidió fugarse con su hija menor y volvieron a casa de su madre. Las dos hijas mayores ya habían abandonado la casa familiar y se habían marchado al extranjero a trabajar.

Margarita las acogió en su casa de manera temporal, pero Berta y su hija de diecisiete años se acabaron quedando. Margarita había tenido siempre un problema con la bebida, que se había acentuado en los últimos años, culminando en una cirrosis hepática.

Berta se quedó cuidando de su madre y cuando su hija se marchó a estudiar a la universidad, empezó a tener un poco más de tiempo. Solía ir a la piscina casi todas las mañanas y nadaba cien largos diarios. Ahí conoció a Guillermo, quién solía quedarse leyendo en el bar mientras su hija nadaba.

Empezaron a verse y a pasar cada vez más tiempo juntos. Guillermo estaba en proceso de separación. Llevaba muchos años siendo infeliz en su matrimonio, pero nunca había dado el paso de marcharse, por su hija. Pero una vez que esta alcanzó los dieciocho años y de que la vida le hubiera presentado a Berta, se marchó.

Se quedó en casa de algunos amigos durante un tiempo, pero cada vez pasaba más tiempo con Berta en casa de Margarita. Se fue instalando de manera gradual y sin haber hablado nunca de ello explícitamente, pasó a vivir con ellas.

Tras un periodo de molestias, Margarita acudió a su médico y varias pruebas confirmaron su diagnóstico de cáncer. Ella seguía bebiendo igual que siempre y el diagnóstico no alteró para nada su estilo de vida.

Un día fue ingresada en planta debido a que empezó a sufrir náuseas y diarrea extremas que necesitaban vigilancia continua. Un par de semanas más tarde, cuando los médicos ya consiguieron controlar sus síntomas, se abrió un debate sobre cuál sería el mejor lugar para cuidar de Margarita en su fase terminal. Se barajó la posibilidad de ingresarla en una residencia geriátrica, pues sus necesidades médicas eran cada vez más complejas, pero Berta se opuso rotundamente.

Berta tenía el privilegio de gozar de una vivienda con un alquiler más que asequible, debido al hecho de que la casa de Margarita era de protección oficial. Si ella abandonaba la casa para mudarse a una residencia, el ayuntamiento desalojaría a Berta y a Guillermo en favor de otras personas más necesitadas. Por esta razón, Berta interfería con la sugerencia del personal médico de trasladar a Margarita a una residencia, y defendía a capa y espada que ella podía cuidar de su madre de una manera más que satisfactoria.

Habló con su madre y la convenció de que en ningún sitio estaría mejor que en casa. Insinuó que en una residencia no tendría la libertad que tenía en casa y que no le permitirían tocar el alcohol.

Cuando se celebró la reunión para decidir cuál debía ser el siguiente paso, varios de los médicos anunciaron que Margarita había expresado su preferencia por ir a casa. Y como respetar los deseos del paciente era uno de los valores centrales de nuestro centro, acabamos trasladándola a casa.

El día antes del traslado, tuve una breve conversación con Berta, para hablar sobre sus necesidades psicológicas. Me sorprendió el lenguaje victimista que utilizaba. Hablaba de que la obligaban a vivir en esa casa, o de que Guillermo se había metido a vivir con ella en contra de su voluntad. Su lenguaje reflejaba una visión amenazadora del mundo y, probablemente, reflejaba también el peligro al que había estado expuesta durante años de relación caracterizada por la violencia doméstica.

Después de conversar un rato, le pregunté si quería volver a verme y me dijo que sí. El problema era, me dijo, que no creía poder acudir al centro y dejar a su madre sola, por lo que me preguntó si podía ir a verla a su casa. Asentí y acordamos una fecha conveniente para ambos.

La fui a ver el día acordado. Me costó mucho encontrar su casa. Los números impares terminaban antes de llegar al número que le correspondía a su vivienda. En el lado opuesto, los números pares seguían mucho más adelante; pero no había señal del sesenta y uno.

No tenía su número de teléfono, por lo que llamé a mi oficina para que me lo dieran. Mi secretaria se ofreció a llamar a Berta y preguntar cómo llegar hasta ella. Colgué y a los treinta segundos vi una mano que saludaba desde la distancia, en un pequeño callejón, unas casas más adelante. Reconocí a Berta, quién me hizo una señal para que condujera hacia ella.

El callejón conducía a una casa destartalada. La verja que cercaba su jardín descuidado tenía una puerta medio desmontada que Berta mantuvo abierta para que yo pasara. Hice un ademán de cogerla para cerrarla a mi paso pero me dijo que le faltaba una bisagra y que no me preocupara por cogerla, pues tenía truco.

Una vez dentro, la casa recibía al invitado con un suelo cubierto por una alfombra vieja y deshilachada. Un gato se me acercó y frotó su cuerpo alrededor de mi pierna izquierda como invitándome a que lo acariciara. Decidí no tocarlo; sabía que si lo hacía era probable que no me dejara en paz durante toda la visita.

Berta me hizo un gesto para que pasara a la sala y tras dar un par de pasos me sentí inundado por una fuerte mezcla de olores a tabaco, ambientador y animales. Contuve la respiración durante un rato hasta que se me acostumbró el olfato. Se sentó en una butaca y me invitó a que me sentara en un sofá cubierto por una sábana blanca que emanaba un intenso olor a detergente.

Me senté en el sofá y hablamos de lo agotada que estaba de cuidar de su madre todo el día. No conseguía encontrar tiempo para ella y a veces ni siquiera podía ir a la piscina a nadar sus cien largos. La natación le ayudaba a sacar sus frustraciones.

Me dijo que se sentía atrapada y trató de responsabilizar a otros de ello, pero cuando la confronté reconoció que, al menos en parte, había elegido estar en la situación en la que se encontraba.

La conversación derivó a los maltratos que había sufrido durante su matrimonio en Turquía y me contó algunos de los acontecimientos que había vivido. Me quedó claro que estaba traumatizada por aquello.

Llegó la hora de marcharme y Berta me indicó que quería seguir con nuestro trabajo. Acordamos vernos una vez a la semana.

Las dos o tres sesiones siguientes ahondamos más en su sentimiento de víctima y me relató más acontecimientos de violencia doméstica en su matrimonio. No se lo había contado a nadie por miedo a las consecuencias, aunque sus hijas habían presenciado muchas situaciones de las que nunca habían hablado. Se sentía mala madre por no haber podido proteger a sus hijas de la furia de su padre.

Una de las veces que fui a su casa, toqué el timbre y esperé durante más o menos un minuto. Oía voces, veía que las luces estaban encendidas y percibía movimiento a través del cristal tintado de la puerta principal. Toqué dos veces más y, finalmente, Berta abrió la puerta ansiosa, diciéndome que no podía verme. Su madre había estado vomitando durante un buen rato y no creía estar en situación de hablar conmigo. Dejó la puerta abierta mientras fue a atender a su madre, quien seguía vomitando.

Pasé a la sala donde se encontraban las dos con la idea de tranquilizar a Berta, y asegurarle que no pasaba nada y que siempre podíamos renovar la cita. De repente, Margarita emitió un gemido y comenzó a vomitar de manera violenta. Berta me dio el recipiente que sostenía en la mano para recoger el vómito de su madre, que empezó a adquirir un color cada vez más oscuro, mientras iba a un armario a por una toalla. En el medio minuto que tardó el vómito de Margarita se volvió sangre y la toalla blanca que había traído Berta quedo completamente roja en pocos segundos. Recuerdo la sensación de pánico que se apoderó de mí al ver tanta sangre. ¡En ese momento entendí por qué las toallas que teníamos en las habitaciones de nuestro centro eran rojas!

Cuando hubo terminado, cogí el teléfono y llamé a nuestro centro, pregunté por mi compañera Raquel, la enfermera que cuidaba de Margarita, y le conté la situación. Me dijo que ella se encargaría de las gestiones y me pidió que pusiera a Berta al teléfono. Escuché su conversación de fondo mientras retenía el bol cerca de la boca de Margarita, por si vomitaba otra vez. Parecía asustada y traté de calmarla un poco.

Menos de un cuarto de hora más tarde se presentó una ambulancia y, tras ofrecer los cuidados necesarios, la metieron en el vehículo para trasladarla a nuestro centro. Berta fue con ella, con lo que me despedí y me marché a visitar a mi siguiente paciente.

Cuando llegué al trabajo la mañana siguiente, supe que habían controlado las náuseas de Margarita un poco y que había muerto durante la noche de manera más o menos tranquila. Berta se sentía traumatizada por lo que había presenciado y dedicamos unas pocas sesiones durante las semanas siguientes a trabajar en su experiencia traumática.

******

Una mañana de primavera acudí a una reunión a la que normalmente asistía un compañero mío. Me había pedido con antelación si podía presentarme de su parte mientras se encontraba de vacaciones. Era una reunión multidisciplinar donde las enfermeras presentaban a pacientes recién derivados. También se hablaba de pacientes existentes con necesidades complejas y se invitaba a todos los miembros de las diferentes disciplinas a contribuir desde el ángulo específico que ofrecía su especialidad.

La primera parte de estas reuniones solía ser bastante aburrida, ya que las enfermeras nombraban a pacientes y sus diagnósticos mientras una administrativa tomaba notas. El objetivo era, más que nada, demostrar que habíamos presentado a todos nuestros pacientes ante un equipo multidisciplinar.

Cuando llegamos a la parte en la que se hablaba de casos complejos, la directora médica presentó a un nuevo paciente que había visto el día anterior en la planta de oncología de un hospital cercano, donde acudía semanalmente con el propósito de identificar a pacientes con necesidades paliativas que precisaran ingresar en nuestro centro.

Compartió información demográfica sobre Guillermo con el grupo y, tras hablar de varias complicaciones médicas que había sufrido, dijo que yo había trabajado con su familia hacía un par de años. Me quedé perplejo, pues no reconocía el nombre ni la situación, hasta que alguien mencionó a su pareja, Berta.

Me comunicaron que Berta quería volver a verme. La llamé por teléfono y concertamos una cita. Al verla me puso al día sobre su vida desde la última vez que la vi. Cuando su madre murió, tuvieron que mudarse a otra casa. Se cambiaron de localidad, pero seguían viviendo relativamente cerca.

Berta no se lo creía. Le parecía que acababa de enterrar a su madre y aún tenía pesadillas en las que de vez en cuando volvía a verla vomitando sangre. Ya no sufría un trauma agudo, pero solamente pensar en ello hacía que su cuerpo se tensara, creando una coraza muscular.

Guillermo y Berta se habían comprado una casa con el dinero que le habían dado a él junto con un puesto de alto cargo en una imprenta de tirada internacional. Además, recientemente, Guillermo la invitó a cenar a su restaurante favorito y, después de tomar el postre, se llevó la mano a un bolsillo de la americana y sacó una caja que guardaba un anillo con un diamante incrustado. Le preguntó si quería casarse con él y ella dijo que sí.

Cuando Berta me lo contaba lo hacía en su tono victimista habitual, diciendo que realmente no le gustaba la casa que habían comprado, pero que accedió por la insistencia de Guillermo. Por si fuera poco, dijo que realmente no quería casarse con él, pero que como sabía que a él le hacía ilusión, se veía obligada a hacerlo.

Nuestro trabajo durante esta época consistió en ayudar a Berta a darse cuenta que era una persona libre y que podía elegir si casarse, vivir en su nueva casa o tomar otras opciones. Toda opción acarrea consecuencias, y ser libre para elegir implica responsabilizarse de las consecuencias que se derivan de nuestras acciones y decisiones. Trabajamos en esto durante varias semanas y Berta fue aclarándose y reafirmándose en sus decisiones.

Sintiéndose totalmente libre y convencida de que era lo que realmente quería, llegó el día de la boda. Se vistió de blanco, con un vestido sencillo y elegante que le había hecho su hija mayor, que era diseñadora de moda, y se adornó el cabello con una corona de flores blancas y moradas, para tomar a Guillermo como marido en el altar. Los dos quisieron casarse por la iglesia y esta vez Berta se aseguró de que fuera parte integral en la toma de decisiones: era su boda.

Celebraron la boda en su parroquia y los acompañaron un centenar de invitados. Guillermo se vistió con un traje gris oscuro, camisa blanca y corbata azul marino. Por un día, desapareció el hombre enfermo, cansado y preocupado en el que se había convertido para transformarse en un apuesto caballero enamorado que deseaba entregar su corazón a la mujer con la que quería pasar el resto de su vida.

Fue una ceremonia conmovedora. Las hijas de Berta subieron al altar para hablar en público sobre la pareja y desearles lo mejor. Intercambiaron los anillos, se besaron, firmaron y fueron recibidos en la puerta de la iglesia por sus seres queridos entre una gran nube de granos de arroz.

Disfrutaron de una suculenta comida en un hotel cercano y bailaron juntos.

Conforme avanzaba la tarde, Guillermo se sintió cada vez más cansado y decidieron marcharse a casa hacia las siete u ocho de la tarde, mientras el resto de los invitados seguía con la fiesta.

Debido a que el seguro médico iba a costarles un dineral y que tenían varias citas importantes concertadas para el tratamiento de Guillermo, decidieron aplazar la luna de miel hasta que se encontrara mejor. Los dos reanudaron su vida normal y después de unos días de fiesta, se reincorporaron al trabajo.

Los siguientes meses transcurrieron con la normalidad que puede esperarse de una situación como la de Guillermo y Berta. Las visitas al hospital para recibir quimioterapia formaban ya parte de su rutina. Berta lo acompañaba y bromeaban en la sala de espera hasta que una de las enfermeras lo llamaba a entrar. Berta se llevaba un libro o, algunas veces, su ordenador portátil para trabajar.

La salud de Guillermo fue deteriorándose poco a poco de manera uniforme. De vez en cuando llegaba algún periodo en el que sufría una caída en picado, aunque poco a poco solía terminar recuperando la estabilidad. Pero el desgaste era continuo y se hizo mucho más aparente después de que lo hospitalizaran en dos ocasiones con síntomas de diarrea incontrolable. En poco tiempo, comenzó a sentir más dolor y se hizo patente que requería cuidados paliativos especializados. Terminó ingresando en nuestro centro.

Guillermo siguió hablando de curación y de mejora. Su manera de abordar la situación actual destacaba por su pragmatismo. Berta, en cambio, estaba desesperada. Mi trabajo con ella durante este periodo se centró en su frustración por no poder hablar con él sobre las cosas importantes. No quería contemplar el futuro y esto hacía caer un peso enorme sobre los hombros de Berta, que tenía que tomar decisiones por él, y comunicar a los médicos y las enfermeras cuál era el lugar en el que Guillermo prefería que lo cuidaran al final de su vida. ¿Quién era ella para decidir si debía estar en casa o en un centro? Por otro lado, ella sabía que no sentía la confianza necesaria para cuidarlo en casa. Quería hablar de todo esto con él, pero él se negaba.

Cuando llevaba ingresado un par de días, la misma frustración que sentía Berta comenzó a abrirse camino a las enfermeras que cuidaban de él. En las reuniones diarias que se celebraban cada mañana en planta, las enfermeras se quejaban de la dificultad de cuidar a Guillermo, pues eludía todo lo que tuviera que ver con su enfermedad, lo cual se manifestaba en falta de cooperación. Y por mucho que fuera involuntaria, hacía la vida del personal mucho más difícil de lo que podía ser.

El siguiente lunes por la mañana se celebró la reunión habitual en la que las enfermeras comunicaban información relevante a los médicos y al resto del equipo multidisciplinar sobre los enfermos que habían estado cuidando durante el fin de semana. La doctora que había estado de guardia habló sobre Guillermo y dijo que tuvo una conversación bastante abierta sobre su situación. Incluso habían hablado sobre la reanimación cardiopulmonar y sus consecuencias en caso de paro cardíaco. La doctora le había explicado que en esta etapa de su enfermedad un paro cardíaco no era improbable. Tanto si se encontraba en nuestro centro como si estuviera en casa y una ambulancia acudiera a auxiliarlo, tenían la obligación legal de tratar de reanimarlo salvo que hubiera una negativa explícita por escrito del paciente. Por eso se suele pedir a personas en un estado de enfermedad avanzado que firmen un papel indicando que no desean ser reanimados, ya que esto interferiría con una muerte apacible. Además, puede ser terriblemente traumático para cualquier familiar presente y por supuesto, para el profesional que tenga la obligación de reanimarlo.

Antes de dirigirnos a hacer la ronda el médico encargado de encabezarla pidió los papeles con intención firme de que Guillermo los firmara y, así, quitarse un gran peso de encima.

Con gran determinación, se dirigió hacia la habitación de Guillermo y los demás lo seguimos. Guillermo estaba reclinado en su cama con su ordenador portátil sobre el regazo. En la butaca de al lado, Berta descansaba con los ojos cerrados. Entramos y el médico tomó asiento en una silla que colocó al lado opuesto de la cama donde se encontraba Berta. Los radiadores estaban encendidos al máximo. Hacía un calor artificial insoportable y el silencio era total.

El médico se presentó y Guillermo cerró su portátil dándoselo a Berta para que lo guardara. Cogió el control remoto para ajustar la inclinación de la cama y ponerla en una posición más vertical. Pidió a Berta que le ayudara con las almohadas. Exhausto por el esfuerzo, se tumbó y permaneció con los ojos cerrados durante unos segundos, tratando de recuperar el aliento.

Cuando abrió los ojos el médico le preguntó cómo estaba, si tenía dolor y cómo se había sentido durante el fin de semana. Guillermo contestó de manera pragmática y presentó una imagen de que todo iba bien, mientras Berta hacía gestos de desaprobación desde su butaca. Guillermo preguntó cuándo podría marcharse a casa y el doctor aprovechó la oportunidad para insinuar lo enfermo que estaba, pero Guillermo no pareció darse por aludido.

Sin darse por vencido, el médico continuó haciendo preguntas sobre el fin de semana e hizo alusión a la conversación que había tenido con la doctora de guardia sobre la reanimación en caso de paro cardíaco. Guillermo se mostró impasible. No recordaba nada.

Se hizo un silencio como si una losa de plomo hubiera caído sobre el suelo. El médico trató de hacerle recordar:

- ¿Recuerdas que mi compañera Laura habló contigo sobre firmar unos papeles...? - dijo el doctor mientras la médico de guardia saludaba al oír mencionar su nombre.

- Ah sí, me acuerdo de hablar sobre unos papeles, pero no recuerdo para qué eran... - respondió.

Laura aprovechó para tomar la palabra:

- Guillermo, ¿recuerdas que te expliqué las consecuencias tan traumáticas que podría acarrerar tener que reanimarte en caso de que sufrieras una parada cardíaca?

- Sí, algo me suena... - contestó, pareciendo confuso.

- Y te dije que firmar estos papeles daría tu consentimiento para que nadie se viera obligado a reanimarte si se diera el caso...

- Sí - contestó Guillermo con más cara de confusión todavía - Entonces... ¿cuáles son las opciones?

Como una pescadilla que se muerde la cola, la conversación se desarrolló de manera circular, desembocando siempre en el mismo lugar y sin una decisión concreta.

El médico, visiblemente frustrado, decidió que no había nada que hacer y le sugirió que lo pensara, antes de hacer un gesto al resto del equipo para que abandonásemos la habitación.

A los pocos días, la condición de Guillermo cambió de manera drástica. Se sintió cada vez más cansado, pasaba más y más tiempo durmiendo y finalmente entró en estado comatoso. Berta estaba con él y no abandonaba la butaca, que se había convertido en su residencia temporal. Tras unas horas de respiración dificultosa exhaló por última vez y todo su cuerpo se relajó.

Berta lo sujetaba de la mano y llamó al timbre para que acudieran las enfermeras, quienes verificaron que había fallecido.

Esa misma mañana me encontré con Berta en un pasillo, quien me informó de lo sucedido. Supuse que no querría verme en una temporada y que preferiría centrarse en el aspecto práctico de la organización del funeral, avisar a la gente, etc. Para mi asombro, me dijo que quería verme cuanto antes.

Le ofrecí una cita esa misma tarde y acudió muy enfadada. Cuando exploramos de qué se trataba, me dijo que se sentía completamente abandonada por Guillermo. Sentía que no había tomado ninguna responsabilidad sobre su enfermedad, no se había cuidado lo suficiente, y para colmo, evitó hablar incluso de los aspectos prácticos. Acababa de morir esta misma mañana y no había hecho ni el testamento. Además de todo el oleaje de sentimientos a los que tenía que enfrentarse Berta, tenía que enterarse sobre los pasos a seguir cuando una persona muere sin dejar hecho el testamento. Y realmente, era lo último que necesitaba.

Pasamos un par de semanas sin vernos ya que la organización del funeral, el cierre de las cuentas bancarias y otros asuntos como darse de baja en las diferentes pólizas de seguro, tomaron prioridad.

Cuando volví a ver a Berta seguía con un enfado tremendo, aunque oscilaba entre éste y la resignación. Al fin y al cabo, Guillermo era Guillermo. Siempre había evitado hablar de sus sentimientos y esto entraba dentro del paquete que Berta había elegido. Este pensamiento la consolaba algunas veces, pero otras no ayudaba a calmar su ira.

Volví a verla algunas veces más durante los dos meses siguientes y nuestro trabajo consistió en procesar sus emociones tras la muerte de su marido. También estaba un poco preocupada por su hija menor. Dedicamos parte del tiempo a establecer una estrategia para que Berta pudiera apoyarla durante este periodo, ya que tenía una relación muy estrecha con Guillermo.

En nuestra última sesión Berta me regaló una botella de vino. Me dijo que el apoyo que le había prestado en los últimos tres años había sido indispensable para ella. No sé lo que debí hacer en una vida pasada, bromeaba según nos despedíamos, pero creo que ya he pagado por ello. Perder una madre y un marido en tan poco tiempo no es lo más habitual, y menos todavía cuando los dos son pacientes del mismo centro.

- Gracias por todo y cuídate - me dijo mientras me abrazaba en el umbral de la puerta - Y espero que no lo tomes a mal, pero espero no volver a verte en toda mi vida - dijo sonriente.

- Tranquila, eso sería buena señal - respondí, como muestra de que no me había ofendido - pero que sepas que si alguna vez en el futuro decides que necesitas más ayuda, puedes contactarme.

Me dio las gracias y se marchó.

****

Debieron pasar dos o tres años antes de que Berta volviera a establecer contacto conmigo. Un compañero me pasó una nota indicando que una tal Berta había llamado y quería que la llamara de vuelta. No había dejado ningún apellido y aunque no supiera a ciencia cierta que se trataba de la misma persona, comencé a preguntarme si sería ella y si fuera el caso, qué es lo que la impulsaba a contactarme otra vez.

La llamé y me dijo que quería verme. No quiso explicarme más por teléfono y después de bromear un poco conmigo, concertamos una cita la semana siguiente.

Bajé a recepción unos minutos antes de la hora de nuestra cita y al ver que no estaba, avisé al personal de recepción de que iba a hablar con un compañero en el Centro de Día y les pedí que me contactaran en su número de extensión cuando llegara Berta.

Con paso firme y determinado, tomé el pasillo que conducía a mi destino. Al pasar por la sala de espera, observé que una señora de aspecto frágil y con un pañuelo en la cabeza me saludaba sonriente, y le devolví el saludo. Ya apenas me sentía culpable cuando alguien que no reconocía o recordaba me saludaba, pues habían sido muchas las veces que una persona desconocida venía a hablar conmigo y me contaba que yo había ayudado a su marido, o que me reconocían de las rondas en planta mientras un familiar se hallaba ingresado, etc.

Llegué al despacho de mi compañero y hablamos sobre uno de los documentos que teníamos que presentar en una reunión ejecutiva la semana siguiente. En plena conversación, sonó el teléfono y una de las recepcionistas me indicó que Berta había llegado hacía un rato y que estaba esperándome.

Desanduve el camino para volver a la sala de espera y la señora con pañuelo en la cabeza seguía mirándome sonriente. Me llamó por mi nombre e identifiqué su voz inmediatamente: era Berta.

Había adelgazado muchísimo y se la veía blanca como la nieve. El pañuelo le cubría la parte superior de la cabeza, pero podía ver que sus cejas no tenían pelo.

- Ya ves. . . - dijo con una sonrisa vacía - parece que esta vez me ha tocado a mí.

Sin poder dar crédito a lo que veía, pasamos a consulta en silencio. Tomamos asiento en la misma consulta en la que había sido hija y esposa de un paciente, solo que esta vez lo hacía en calidad de paciente paliativa.

Unos meses atrás había notado un bulto en uno de los pechos y tras ignorarlo durante dos semanas fue al médico, lo que desencadenó un proceso que concluyó en un diagnóstico de cáncer. Debía ser tan agresivo que acabó invadiendo gran parte de sus órganos vitales.

Como era evidente por el pañuelo y las cejas despobladas había recibido quimioterapia, pero parecía que no estaba surtiendo ningún efecto positivo.

El de Berta fue uno de los deterioros más rápidos de los que he sido testigo. En menos de ocho semanas, la mujer fuerte que nadaba cien largos en la piscina todos los días se había convertido en un amasijo de piel y huesos. Su mentón pronunciado era más visible que nunca y la ropa le colgaba de los hombros como si se tratara de una percha.

Todas sus hijas vivían y trabajaban en el extranjero, así que Berta vivía sola en la casa que había comprado con Guillermo años atrás.

Lo que más me llamó la atención del proceso de Berta es que había perdido su fuerza habitual y su chispa. Todavía seguía bromeando a veces, pero el espíritu de lucha que la caracterizaba parecía haberse consumido.

Cuando lo mencioné, me dijo que estaba cansada de luchar. Toda su vida había sido una cuesta ascendente e interminable. Había pasado años en una relación violenta y cuando decidió escapar de ella, su madre murió de manera trágica tras una larga enfermedad. Después, la única pareja que la había tratado con respeto enfermó y murió sin hacer testamento y dejándola una situación financiera comprometida. Y ahora, ella. Solo quería cerrar los ojos, dormirse y no despertar jamás.

Lamentablemente, su deterioro vino acompañado de dolores y vómitos que no la ayudaron a levantar el ánimo. Pero en el fondo, Berta era una luchadora y por mucho que las malas noticias vinieran como olas, su espíritu desafiante fue emergiendo en los periodos entre una ola y la siguiente.

Encontró razones para seguir respirando y se centró en terminar bien la relación con sus hijas. Les escribió cartas contándoles algunos de sus recuerdos. Les hablaba del sentido de la vida, de su relación difícil con el padre de ellas, de su sentimiento de culpa por no haberlas protegido como hubiera querido, y de lo que había aprendido cuando murió Guillermo sobre la importancia de cerrar bien las cosas.

Un día que acudió a verme a la consulta, se presentó con una sonrisa de oreja a oreja. Una vez en la sala le pregunté si había tenido buenas noticias y negándolo con la cabeza me dijo que había empezado a escribir un libro. Siempre había bromeado sobre el hecho de que lo que le había sucedido en los últimos años con su madre, Guillermo y ahora ella, era más improbable que el hecho de que le tocara la lotería.

Había dado muchas vueltas al porqué de su situación y llegó a cansarse de tanto cavilar. En vez de ello, decidió coger papel y bolígrafo y ponerse a contar su historia al mundo.

Cuando me lo contó, le dije en tono bromista:

- Supongo que el prólogo tendría que escribirlo yo, después de todo lo que hemos pasado, ¿no?

- Te menciono varias veces en él - dijo sonriendo.

- Qué menos. . . -continué con tono jocoso.

- Pero sí - contestó - supongo que, si hay alguien que pueda decir algo sobre mi experiencia en los últimos años, ese deberías ser tú.

A medida que la posibilidad de escribir el prólogo a su libro pasó de ser una broma a una posible realidad, sentí una gran ilusión que me inundaba. Pensé que el caso de Berta era extraordinario; de esos que, si se hiciera una película, probablemente sería tachado de muy poco realista.

Pero mi excitación se incrementaba cuando pensaba en la colaboración entre terapeuta y paciente, así como en las diferentes perspectivas de uno y de otro.

Durante las dos o tres citas siguientes Berta siguió escribiendo su libro, aunque relataba que no había sido tan productiva como le habría gustado. Su malestar había aumentado y su capacidad de concentración había disminuido.

La última vez que vino a verme a la consulta, tuvimos una cita más corta de lo habitual. Había notado que cada vez utilizaba más maquillaje para cubrir su aspecto crecientemente demacrado. El pañuelo que una vez vestía con elegancia le daba ahora más apariencia de enferma, y la holgada ropa no conseguía disimular lo que ya era demasiado aparente.

A media cita, sintió náuseas y terminé acompañándola hasta la puerta de los aseos. Entró y cerró la puerta y pronto escuché cómo vomitaba. Llamé a las enfermeras y enseguida se presentaron dos que se ocuparon de ella. Cuando se hubo calmado un poco, dijo que quería marcharse a casa. Llamaron a su hija, que había venido del extranjero para visitarla, y vino a buscarla para llevársela.

Al día siguiente, su enfermera me dijo que Berta había empezado a morir de forma activa. Estaba en casa, bien cuidada y parecía estar relativamente cómoda. Le pregunté si era apropiado ir a verla para despedirme y me dijo que lo consultaría con ella. Había quedado en llamarla en unos minutos para responder a una pregunta de su hija sobre uno de los medicamentos.

Se marchó y un cuarto de hora más tarde me dijo que lo sentía, pero que Berta había pedido que no fuera a verla. A pesar de que podía comprender su posición, no pude dejar de sentirme un poco decepcionado.

La enfermera me miró con cara de comprender mi reacción:

- Me dio un mensaje para ti: me pidió que te diera las gracias y que aceptaras sus disculpas por que lo del libro no iba a poder ser.

La sonrisa que se me formó en la cara con el mensaje diluyó un poco la tristeza que sentía en ese momento. Le expliqué a mi compañera lo del libro y cuando se marchó, me quedé un rato en silencio, pensando en Berta, en nuestro trabajo, en su fuerza y valentía y deseándole una buena transición hacia lo desconocido.

Su libro nunca se materializó y nunca pude escribir el prólogo, pero el pacto que hicimos no puede desaparecer así como así. Así que Berta, si estás ahí, y aunque llegue con demasiados años de retraso, lo mínimo que podía hacer era dedicarte este capítulo.

Por mi despacho han pasado un montón de personas que necesitaban ayuda por diferentes motivos. La gran mayoría tenía problemas que son bastante comunes, como ansiedad, depresión, problemas de relación, etc. En el caso de pacientes paliativos y sus familiares, muchos de estos problemas estaban relacionados con la enfermedad.

Sin embargo, hay algunas personas a las que les ha tocado una vida muy dura. Puede que sea por pura casualidad o puede que sea por alguna fuerza mayor, como el Karma, pero resulta casi inevitable pensar que tiene que haber una razón para ello. No es de extrañar que Berta me dijera "que tenía que haber hecho algo muy malo en una vida anterior".

Hay personas que se hunden muy fácilmente en cuanto se topan con un bache en su vida. Otras, necesitan unos cuantos antes de darse por vencidas. Berta era una persona que jamás tiró la toalla a pesar de las dificultades en su vida.

Una de las consecuencias de haber vivido todo lo que había vivido fue el espíritu de lucha que la caracterizó en cómo afrontó los acontecimientos que se le presentaron en el periodo de unos pocos años, desde que la conocí. La otra fue la suposición continua de que el mundo era un lugar peligroso y que las personas a su alrededor trataban de someterla a hacer cosas en contra de su voluntad. Esta creencia era patente en el lenguaje victimista que empleaba a la hora de expresar que la obligaban a vivir en una casa donde no quería vivir o a casarse cuando no quería.

Cualquier adulto sabe que la manera en la que Berta veía el mundo caería por su propio peso, visto desde un punto racional. Berta misma sabía que su percepción no tenía fundamento. A nivel emocional, en cambio, transfería las circunstancias que dieron lugar a sus experiencias originales de abuso a su presente actual. Aunque no fuera el caso, todas las células de su cuerpo reaccionaban como si se hallara en la situación de peligro que había formado parte de su rutina durante mucho tiempo.

Esta transferencia del trauma tiene su lógica. Por ejemplo, cuando uno ha sido mordido por un perro, es muy fácil entender que desarrolle un miedo generalizado hacia todos los perros, a la vez que comprendemos que dicha generalización es absurda. Por otro lado, podemos entender que tiene cierto sentido, ya que nos permite permanecer a salvo de que vuelva a ocurrirnos lo mismo.

Lo parte trágica de utilizar este mecanismo era que Berta estaba viviendo momentos importantes de su vida sintiéndose obligada a hacer cosas "que no quería hacer". Paradójicamente, eran cosas que sí quería hacer, como casarse con Guillermo.

Una de las dificultades adicionales de la fase terminal, tanto para el paciente como para los que están a su alrededor, es que el tiempo es limitado. Esto significa que el número de oportunidades que tenemos de volver a intentar algo cuenta con menos garantías incluso que en cualquier otro momento de la vida.

Berta hizo un trabajo importante que la llevó a adueñarse de sus decisiones y de permitir que sus deseos afloraran. Si se hubiese quedado estancada en su sensación de haber sido obligada a casarse, hubiera guardado rencor hacia Guillermo. Rencor que la hubiera acompañado durante mucho tiempo después de que él muriera.

Erigirse como la autora de su propia historia, en vez de un personaje que debe seguir un guion ajeno a ella, le permitió vivir uno de los acontecimientos más importantes de su vida. Se casó con el hombre que amaba y tuvo una experiencia positiva de matrimonio con alguien que la adoraba. Este recuerdo también le quedó para toda su vida.

La reticencia de Guillermo a hablar sobre su situación no es poco común en personas que se dirigen al final de su vida. Poner conciencia en el dolor físico o psicológico lo amplifica y desviarla tiende a calmarlo. El precio que le tocó pagar a Berta fue el hecho de tener que manejar complicaciones adicionales derivadas de decisiones que Guillermo había dejado sin tomar. Una de ellas fue que no dejó testamento.

A pesar de todo, Berta salió adelante. Solucionó el tema económico y siguió trabajando, nadando sus cien largos y siendo la madre implicada que siempre había sido. Pero contra todo pronóstico y desafiando todas las estadísticas, se puso enferma.

Todo objeto o persona tiene un punto de ruptura. El umbral es diferente para cada persona y depende de sus recursos personales, del apoyo con el que cuente, de su historia personal y otras variables. Cuando la tensión sobrepasa ese umbral la persona "se rompe".

Berta parecía no tener uno. Pasó por situaciones que hubieran provocado que muchas personas en su situación bebieran, tomaran drogas, se volvieran locas o hasta se suicidaran. Pero ella no. Hasta el día que la vi y me confesó que solo quería irse a dormir. No le quedaba ni un microgramo de pelea en los huesos.

Lo que la sacó de donde estaba era un propósito más grande que ella misma. Escribir un libro con su historia era el último acto de generosidad de una persona a la que le faltaban las fuerzas para seguir viviendo y, a su vez, lo que se las daba. La generosidad, la ilusión y la esperanza que se necesitan para plantar semillas cuando bien se sabe que no estaremos para verlas crecer.

5

LA ESTRELLA MÁS BRILLANTE

Sentí una incómoda tensión en el abdomen mientras miles de pensamientos me rondaban por la cabeza. Era una sensación con la que me había familiarizado tras años de trabajo terapéutico: la sensación de incapacidad de llegar a mi interlocutor.

A Mario le quedaban apenas un par de años para cumplir los 50. Estaba atormentado por su diagnóstico inesperado. Tenía muchos planes de futuro, una mujer maravillosa y un hijo que acababa de cumplir los once años. Sus grandes ojos azules se paseaban rápidamente por la sala cuando alzaba la cabeza, para volver a terminar clavados en el suelo entarimado. Estaba inquieto y no podía parar de mover las piernas a la vez que se mordía las uñas. El pelo rubio alborotado le cubría la mayor parte de la cabeza y por sus entradas prominentes se veían descender gotas de sudor.

Había pasado media hora larga desde el inicio de nuestra sesión y Mario apenas había parado de hablar para respirar. Necesitaba sacarlo todo. No se atrevía a hablar con su mujer, pues no quería preocuparla, y su hijo Rubén era demasiado joven para decirle nada todavía.

Me fui resignando a la idea de simplemente permanecer en silencio y darle espacio para seguir desprendiéndose de la tensión que lo atormentaba. Tras unos minutos empezó a haber algunos ratos de silencio entre sus frases y aproveché para hacer alguna pregunta.

- Si te preguntara qué crees que te está pasando, ¿qué me dirías?

- Tengo cáncer de riñón y los médicos me comunican que ha empezado a extenderse por mi cuerpo - me dijo, sin pensarlo demasiado.

- Y eso, ¿qué significa para ti? - pregunté.

- Significa que debo someterme a tratamiento lo antes posible pero los médicos me advierten que no sería un tratamiento curativo, sino paliativo - respondió, mordiéndose las uñas.

- ¿Y eso qué quiere decir para ti? - volví a preguntar, tratando de averiguar un poco más sobre su idea de lo que le estaba sucediendo.

- Pues que me darán quimio y tratarán de controlar el cáncer, pero me han dicho que no podrán eliminarlo - dijo con la mirada perdida. Parecía un poco más tranquilo.

- Y ¿después de eso? -pregunté, tratando de ahondar un poco más.

- Pues, supongo que después de eso me iré poniendo cada vez peor - siguió.

- ¿Y luego?

- Luego. . . - dijo según le empezaban a caer lagrimas por las mejillas - luego me moriré. . .

Comenzó a llorar y todo su cuerpo pareció ir relajándose mientras lo hacía. Seguía con los ojos clavados en el suelo y un profundo silencio inundó la sala. Sentí que mis propias lágrimas se me agolpaban en la garganta. Me di unos segundos antes de intervenir y observé cómo un sentimiento de compasión se apoderaba de mí.

Lo miré con ternura y con voz suave le dije:

- No soy médico y no sé cómo puede evolucionar tu enfermedad. Pero me imagino que es bastante probable que sea tal y como lo has descrito.

Me miró taciturno mientras asentía ligeramente con la cabeza.

Le pregunté cómo se sentía después de haber articulado un miedo tan profundo en voz alta y me dijo que se sentía más calmado; como si reconocerlo le hubiera aportado paz.

A medida que nuestra sesión llegaba a su fin, exploramos sus necesidades de asistencia psicológica y acordamos reunirnos una vez por semana durante un par de meses. Se sintió aliviado ante la idea y nos despedimos.

Mientras volvía a mi despacho, digería parte del trabajo realizado con Mario. Era relativamente joven, aunque desafortunadamente el número de personas jóvenes que terminan en cuidados paliativos es cada vez mayor. Aun así, no dejó de sorprenderme.

Quizá me sintiera identificado con él. Como persona joven y padre de niños que no han alcanzado la adolescencia todavía, me imaginaba cómo sería mi vida si me diagnosticaran un cáncer agresivo como el de Mario. ¿Qué sería de mis hijos? ¿Y de mi mujer? Y si esto ocurriera mientras alguno de mis padres viviera aún, ¿cómo les afectaría a ellos?

La verdad es que este tipo de preguntas me eran ya bastante familiares. Seguía sin saber la respuesta, pero el hecho de haberme imaginado en numerosas ocasiones que un devenir parecido fuera posible para mí me había ayudado a sentirme un poco menos incómodo con la idea.

Muchas veces pienso en mis pacientes como personas que están en una situación que a mí todavía no me ha tocado vivir, pero que tarde o temprano llegará. Considero mis conversaciones con los moribundos como una oportunidad de conocer su realidad de manera íntima, de forma que, cuando me llegue el turno, cuente con cierta experiencia para poder convivir con los sentimientos y situaciones propios de esta fase.

La semana siguiente la cara de Mario era completamente diferente. Lo encontré leyendo un panfleto cuando salí a recibirlo a la sala de espera y me saludó con una sonrisa cálida. Me estrechó la mano con firmeza y pude notar que sus manos estaban calientes. Venía bien peinado y se había afeitado esa misma mañana. Vestía una chaqueta de ante marrón y unos vaqueros que parecían nuevos.

Le hice pasar a mi consulta y ocupó el asiento más cercano a la puerta, junto a una gran ventana de cristal esmerilado. Tenía ambos pies plantados en el suelo y nada más sentarme en mi asiento apoyó las manos sobre los muslos, se inclinó hacia delante y me dio las gracias por el encuentro de la semana anterior. Me comunicó el alivio tan enorme que había supuesto, tanto para él como para su mujer, el cambio producido la semana previa. Habían conseguido salir a la calle, disfrutar de pasar una tarde normal juntos. Su sueño y su apetito habían mejorado sobremanera.

Al sentirse mucho menos ansioso que la primera vez que lo vi, aproveché para hacerle las preguntas sobre su pasado que normalmente pregunto en una primera sesión. Averigüé que su madre vivía y que tenía una gran relación con ella. Su padre, en cambio, había muerto hacía más de 20 años, cuando él tenía apenas 25. Murió de cáncer y sufrió muchísimo dolor. Mario estaba asustado de que a él le fuera a pasar lo mismo.

Se veía que tenía un gran respeto por su padre y que lo quería mucho. Sus ojos se humedecían cada vez que hablaba de él. A menudo, cambiaba de tema cuando notaba que le subían las lágrimas y me fue dando más información sobre su mujer y sobre su hijo. Rubén era un apasionado del fútbol. Jugaba todos los días y a Mario le encantaba ir a verlo los sábados que tenía partido. Desgraciadamente no había podido estar muy presente en las últimas semanas ya que tuvo que ser hospitalizado varias veces.

Pasaron las semanas y ahondamos un poco más en sus preocupaciones, en los miedos que le había generado ver morir a su padre, sus perspectivas de futuro y algunos otros temas de su vida cotidiana. También me habló de astronomía. Nunca le había llamado la atención este tema pero, por una extraña razón, le había interesado desde que empezó a reconocer la gravedad de su enfermedad. La astronomía, decía, le ofrecía el consuelo de sentir que sus problemas eran realmente insignificantes a la luz de un universo tan extenso. Esta idea le ayudaba a relativizar su situación y acudía a este pensamiento cada vez que se sentía abrumado por la magnitud de sus dificultades.

El estado de ánimo de Mario seguía mejorando y su optimismo era contagioso. Cuando llegó la hora de someterse a una nueva resonancia, se sintió positivo sobre los resultados. Era plenamente consciente de que podían ser negativos pero, a su vez, sabía que cabía la posibilidad, por remota que fuera, que resultaran los deseados. Por lo que a él atañía, ante la incertidumbre no hay nada malo en tener esperanza.

Su oncólogo lo recibió con semblante serio. Lo invitó a sentarse y le comunicó que los resultados no eran buenos. Su enfermedad se había propagado por su cuerpo como un fuego en un bosque mediterráneo en plena sequía. No se podía hacer gran cosa, que hacer, salvo quizá alguna sesión de quimioterapia si su salud lo permitía.

Mario salió del hospital cabizbajo y, sin pronunciar palabra, se introdujo en su vehículo con su mujer Carolina, quien le había acompañado a la consulta. Condujeron a casa sin articular palabra. Me contarían luego que, cuando llegaron a su domicilio y, nada más cerrar la puerta, rompieron a llorar fundiéndose en un abrazo que duró toda una vida.

Mario sintió un miedo indomable. Se sentía perdido, desolado, preocupado y totalmente impotente. ¿Qué iba a ser de él? ¿Cómo se lo iba a decir a Rubén? ¡Iba a partirle el corazón!

Cuando salí a recibirlo a la sala de espera justo antes de nuestra cita semanal supe, nada más verlo desde lejos, que los resultados no habían sido buenos. Se le veía hundido, como si el último resquicio de vida hubiera abandonado un cuerpo escuálido, endeble y maltratado por tanta intervención.

Me contó que habían encontrado secuelas de cáncer por todo su cuerpo y que su estómago estaba particularmente afectado. Tenía varios tumores, el más grande del tamaño de un melón pequeño.

El enfoque de nuestro trabajo cambió completamente, al igual que había cambiado el enfoque de su vida. La pregunta más pertinente en este momento, aquella que iba a determinar cómo iba a abordar su vida, era la siguiente: ¿Qué era importante para él en lo que le quedaba de vida? ¿Cuáles eran sus prioridades en los siguientes días, semanas o incluso algún mes, si es que le quedaba tanto tiempo?

Lo tenía claro. Su prioridad era su familia. Quería pasar cuanto tiempo pudiera con Carolina y con Rubén. Quería verlo jugar al fútbol, quería hablarle de la vida y de lo que le parecía importante transmitirle, de padre a hijo, antes de que fuera demasiado tarde.

Dedicamos nuestras siguientes sesiones a ello. Mario había intentado hablar con Rubén en dos ocasiones para explicarle la situación, pero lo había inundado la emoción y no pudo continuar. Se le ocurrió una idea: Pensó en hablarle de su propio padre, quien murió tras una larga enfermedad cuando Mario tenía unos 25 años. Pensó que podía hablar con Rubén sobre la enfermedad de su abuelo y que al relatar cómo fue desarrollándose hasta culminar en su muerte, estaría hablándole indirectamente sobre su propia enfermedad y su futura muerte.

Le invité a que me contara un poco más sobre la enfermedad de su padre y también le pregunté si tenía algún remordimiento:

- Me hubiera gustado saber que se estaba muriendo - confesó con ojos húmedos.

- ¿Cómo te hubiera ayudado saberlo? - le pregunté.

- No era un hombre de muchas palabras - respondió mirando hacia el cristal de la ventana. - Me hubiera gustado decirle que lo quería, agradecerle todo lo que hizo por mí y me hubiera gustado que me diera algunos consejos que me pudieran ayudar en la vida. - Apretó los labios como en señal de resignación. - Me hubiera gustado que él supiera que se estaba muriendo para que pudiéramos hablar, pero ninguno de los dos lo sabíamos.

Me sentí conmovido por el hecho de que pudiera ser tan abierto y honesto conmigo. Noté, también, una ligera tensión en mi estómago. La misma tensión que siento cuando percibo una incongruencia entre lo que veo y lo que siento. Traté de expresar esta incongruencia:

- Me imagino que los dos sabíais que se estaba muriendo, pero ninguno os atrevisteis a reconocerlo - continué, - quizá para protegeros el uno al otro.

Mario asintió con la cabeza a la vez que le brotaba un río de lágrimas. Lloró desconsoladamente y de manera entrecortada. De vez en cuando dejaba escapar algún gemido. Cuando casi parecía que se iba a ahogar, inspiraba profundamente y seguía llorando. Pasó así unos minutos. Le sugerí que no cometiera el mismo error con Rubén.

Se marchó de mi consulta sollozando, pero agradecido. No estaba por la labor de realizar el mismo pacto de silencio con Rubén. Era hora de hablar en serio.

Pasaron un par de semanas y Mario seguía atormentado. Quería hablar con Rubén sobre su enfermedad y su muerte con libertad, y deseaba mantener conversaciones importantes antes de que fuera demasiado tarde. Pero le era imposible. Lo intentó, pero le volvía a inundar la emoción. El dolor que le producía el mero hecho de pensar en decirle a Rubén que iba a morir le era insoportable.

Se le ocurrió una manera de hacerle llegar su mensaje sin tener que hacerlo cara a cara. Empezó a elaborar una lista con las necesidades que Rubén podría tener en las diferentes etapas de su vida y comenzó a grabar vídeos con sus reflexiones y consejos para que pudiera verlos a medida que fuera creciendo.

La salud de Mario iba deteriorándose con rapidez. Su cara, cada vez más blanca y delgada, y su cuerpo, cada vez más esquelético, eran una señal clara de su fragilidad. Parecía agotado y, por lo que relataba, era el caso. A pesar de su fatiga, acompañada de síntomas físicos y noches eternas, Mario seguía grabando vídeos para Rubén. No se sentía muy satisfecho con ellos, ya que sabía que eran un sustituto de una conversación real con su hijo, pero era lo mejor que podía hacer.

Una mañana, dos horas antes de nuestra siguiente cita, entró en mi despacho Lucía, una doctora compañera mía, diciendo que Mario había ingresado de urgencia en un hospital cercano. La noche anterior no había parado de vomitar sangre y su mujer llamó a la ambulancia. Pasó la noche bajo vigilancia intensiva y tras establecer la magnitud de la hemorragia interna, los médicos le dijeron a Carolina que le quedaban un par de horas como mucho.

Lucía lo había visto en el hospital a primera hora y me dijo que se encontraba relativamente estable y que, a pesar de estar fatigado, seguía estando lúcido y había tenido conversaciones significativas con los de alrededor. Incluido Rubén. Le pregunté si pensaba que era apropiado que fuera a visitarlo, dadas las circunstancias, y me respondió que agradecería mi visita si tenía tiempo de ir a verlo.

No tenía ninguna cita hasta dentro de dos horas y el hospital estaba únicamente a cinco minutos, así que me subí al coche y conduje hasta allí, sabiendo que tal vez llegaría demasiado tarde.

Fue el trayecto más largo de mi vida. Hacía un calor insoportable y las ventanillas bajadas permitían que entrara un aire más bien caliente. El viento me daba fuerte en la cara y me hacía parpadear repetidamente. Saltándome más de un límite de velocidad, llegué al aparcamiento, esperando encontrar estacionamiento. Para mi sorpresa, estaba completo. Di varias vueltas por los otros dos aparcamientos del hospital, pero no había sitio en ninguno de ellos. Varios vehículos se hallaban parados en la carretera, con el motor encendido, esperando a que algún vehículo aparcado saliera para meterse en su lugar. Recuerdo la tensión en el abdomen y las gotas de sudor que me empapaban la frente.

Por fin encontré un lugar y, tras aparcar, descendí del coche y entré en el hospital como un relámpago. Pregunté a la recepcionista y me dio el número de habitación de Mario. Ninguno de los cuatro ascensores estaba disponible, así que tomé las escaleras y ascendí los tres pisos que me separaban de él con la mayor rapidez que pude.

Encontré la puerta de su habitación cerrada y con la manivela que controla la opacidad del cristal corrida, de manera que no pude ver lo que me esperaba dentro. El corazón me latía con fuerza y noté la camisa empapada de sudor pegada a mi espalda. Toqué la puerta y asomé la cabeza. Mario, con la mascarilla de oxígeno y con los ojos entrecerrados parecía estar semi-presente. Su madre y su mujer lo rodeaban y Carolina lo agarraba suavemente de la mano.

Con lágrimas que le corrían por las mejillas, Carolina me sonrió y me invitó a entrar. Mario me miró y sonrió mientras se le humedecían los ojos. Me acerqué a él. Carolina y la madre de Mario dijeron que iban a salir un momento para que pudiéramos estar a solas.

Jamás se me ocurrió la posibilidad de estar a solas con Mario y me pareció un acto de generosidad enorme por parte de todos que me dieran unos instantes que a estas alturas eran valiosísimos.

Le cogí la mano mientras lo miraba a los ojos. Su mano estaba caliente y su cara pálida como la nieve. Entre susurros, me agradeció que viniera a verlo y le contesté que cómo podía no hacerlo.

Entre lágrimas, me dijo que esa misma mañana había hablado con Rubén. Hablaron durante unos minutos sobre el hecho de que no le quedaba mucho tiempo de vida. Le dijo que había sido un regalo del cielo para él y de lo orgulloso que estaba de él. Le dijo que lo quería con todo su corazón.

Rubén le contestó que cuando se fuera al cielo y se convirtiera en una estrella, estaba seguro de que sería la más brillante de todas y que lo buscaría todas las noches. Mario le prometió que lo estaría mirando de vuelta y que cuidaría de él desde arriba. Le dijo que, si alguna vez necesitaba ayuda, mirara hacia al cielo y hablara con él.

Tras la conversación, Rubén había pedido ir a la escuela, ya que tenía un partido de fútbol importante en las olimpiadas del colegio. Se abrazaron y se despidieron.

Le pregunté cómo se había sentido después de la conversación. Me contestó que sentía una liberación y una alegría casi abrumadoras. Me dijo que había sido un regalo y que no habría podido hacerlo si no fuera por nuestro trabajo. Le contesté que quizá también había sido un regalo para Rubén y, probablemente, para toda su vida.

Mario estaba muy fatigado y llegó la hora de despedirnos. Le agradecí el privilegio de permitirme ser parte de este periodo tan importante de su vida y de compartir la intimidad de este proceso conmigo.

Sentía el más sincero y profundo respeto por él y le dije que me quitaba el sombrero ante él. Mario podría haber elegido la vía más fácil y no haber hecho el trabajo. Sin embargo, escogió hacerlo y estar presente hasta el final y, así, había conseguido resolver sus asuntos. Esto beneficiaría a su familia y a todos sus descendientes para siempre.

Nos despedimos y abrí la puerta para salir al pasillo. Fuera esperaban su madre y Carolina. A su madre no la había visto nunca antes, pero le dije que lo sentía. No podía imaginarme el dolor que podía estar sintiendo. A Carolina le di un abrazo que terminó durando un buen rato, mientras trataba de controlar su sollozo. Noté la tensión de su cuerpo y a pesar de intentar dominar la crudeza de su dolor, se le escapó un gemido que le salió de lo más profundo de su corazón destrozado. Unos segundos más tarde, dio un paso atrás y me miró a la cara con ojos húmedos. Me dio las gracias y me dijo que Mario valoraba mucho nuestro trabajo y que cada vez que venía a verme se sentía más calmado. Le dije que había sido un honor por mi parte.

Volví a mi consulta mientras digería lo que había sucedido y permanecí gran parte del día en silencio, conmovido. Supe, a través de la oncóloga, que Mario había muerto apaciblemente y rodeado de su familia un par de horas después de que los dejara.

La historia de Mario es una de las más conmovedoras que recuerdo. En sus grandes ojos se podía percibir a un hombre inocente que rebosaba amabilidad. Quería mucho a Carolina y ella a él. Junto con Rubén, formaban una familia maravillosa.

Amaba tanto a su familia que su diagnóstico le hizo plenamente consciente de la posibilidad de perderla. La ansiedad con la que se presentó el primer día que lo vi reflejaba su miedo a perder la vida que tan feliz le hacía.

Suele ser bastante normal que cuando la gente se enfrenta a una pérdida, esta traiga memoria de pérdidas anteriores. Los recuerdos de la muerte de su padre estuvieron muy presentes durante la enfermedad de Mario.

Estas pérdidas anteriores influyen a menudo sobre cómo afrontamos la situación actual. Los asuntos que no se resolvieron durante la pérdida pasada emergen con frecuencia en el presente. Por ejemplo, varias de mis pacientes que rozaban los ochenta años se vieron atormentadas por la culpa de haber perdido a un bebé, a pesar de haber aprendido a convivir con esos sentimientos durante muchos años.

Para Mario, el mapa de ruta sobre su enfermedad y su muerte se basaba en la experiencia de ver morir a su padre después de una enfermedad larga y difícil. Uno de los rasgos de nuestra época es que no vemos morir a mucha gente y, por tanto, es un tema donde tenemos muy poca experiencia. Los avances en la tecnología médica y farmacológica permiten reducir los síntomas del enfermo. Por otro lado, la especialización de los servicios hace que el tratamiento de la enfermedad, el cuidado del enfermo y el proceso desde que la persona muere hasta el funeral sean tareas de las que se hace cargo un agente externo a la familia. Las últimas décadas han llevado, así, a que el contacto con la realidad de la enfermedad y la muerte se haya perdido de manera generalizada.

Mi trabajo con Mario en esta fase consistió en albergar la probabilidad de que su experiencia fuera diferente a la de su padre. El tratamiento del dolor en pacientes con cáncer ha mejorado de manera exponencial en un par de décadas.

El trabajo realizado durante unas semanas le ayudó con esto y fue abriéndose a esa idea. Hoy día se puede encontrar abundante información en Internet y, aunque a veces tanta información pueda ser abrumadora para algunos, también permite contrastar si es verdad que el manejo del dolor ha mejorado durante este tiempo.

Liberarse del miedo a que su enfermedad fuera tan mala como la de su padre le permitió tranquilizarse y estar más disponible para aquello que era importante para él. Empezó a disfrutar de su tiempo con Carolina y Rubén.

Pero, a pesar de todo, Mario no se quería morir. Amaba demasiado a su familia, le gustaba su trabajo y aunque aceptaba que le había tocado su turno, no quería morir. Siendo el hombre amable y pacífico que era, no estaba enfadado, ni se sentía engañado ni nada de eso. Simplemente, no quería.

En muchos aspectos se había resignado a la idea de que estaba muy enfermo y no le quedaba mucho tiempo. Lejos de encontrarse en un estado de negación, su reticencia a morir se manifestó de manera sutil, en sus vídeos.

La incapacidad de Mario de hablar con Rubén fue una constante en nuestro trabajo. Reconocer ante su hijo que se estaba muriendo era reconocerlo para sí mismo y, simplemente, le producía demasiado dolor. Un dolor que pensaba que no iba a ser capaz de soportar.

Trató de ser indirecto, de utilizar la enfermedad de su padre para acercarse a Rubén, grabó vídeos; pero no conseguía dar el paso. Poco a poco, en un entorno terapéutico y seguro, y con el apoyo necesario, fuimos acercándonos cada vez más a la idea.

El acontecimiento que quizá aceleró el proceso fue su hospitalización urgente. A pesar de que su deterioro había sido marcado en los últimos días, el hecho de vomitar sangre cuando ya estaba muy frágil le hizo entender que casi se le había agotado el tiempo.

Este fue el gran momento que cambió el curso de la historia de Mario y de cada integrante de su familia. Hubiera sido comprensible que se acurrucara debajo de sus mantas y se dejara ir. O que conservara sus energías para descansar mientras esperaba a que la muerte lo fuera a buscar.

En vez de tomar la opción más fácil, tomó la que más esfuerzo demandaba. Habló con su madre, con Carolina y finalmente con Rubén. Después de decir lo que necesitaba decir a cada uno de ellos se despidió.

Rubén tuvo la oportunidad de tener la última conversación que significara algo para él y creó la idea de que Mario se convirtiera en estrella. Con esta imagen le estaba haciendo saber que su relación con él y su amor por él no terminarían en el momento de su muerte. Él seguiría amándolo y contándole cosas, estuviera donde estuviera. Una vez dicho todo, quiso ir a jugar al fútbol.

Mario fue quedándose sin fuerzas y se fue apagando poco a poco. Su madre y Carolina lo acompañaban en todo momento. Cuando fui a verlo pude observar que no había más que amor en esa habitación y se respiraba un aire de intimidad. No hubo pánico, ni miedo, ni rencor, ni ira... Fue un momento precioso. Un regalo para todos.

Dejar las cosas resueltas y terminadas es un regalo para siempre.

6

LA FIESTA DEL SIGLO

Jamás había visto una casa tan ordenada. La moqueta beige que cubría todo el piso de abajo estaba impoluta. Todos los cuadros bien alineados, sin una mota de polvo. En una balda de madera desnuda, haciendo esquina con una chimenea que no mostraba ningún indicio de que estuviera en uso, se apilaban unos sobres con cartas del hospital, en orden cronológico.

Desde su diminuta cocina Pablo me preguntó si quería una taza de café, mientras se preparaba un té de hierbas para sí mismo. Le agradecí su gesto, declinando la oferta amablemente. De pie, bajo el arco que daba a la cocina, con una ventana luminosa tras de sí y a contraluz, una silueta alargada parecía más la de un espantapájaros que la de una persona. Con vaqueros negros que le quedaban como un saco de patatas y una camiseta de David Bowie desgastada, holgada, estaba claro que Pablo había perdido muchísimo peso.

Con una mueca de desaprobación, se estiraba la camiseta agitando la cabeza y apretando los dientes.

- ¡Vergonzoso! - decía. - ¡Pensar que hace unos meses estaba cachas!

Estaba a punto de cumplir los sesenta. Había trabajado de bombero hasta que un día fue al baño y notó un tono más oscuro de lo normal en su orina. Fue al médico y éste lo envió de vuelta a casa, diciendo que podía ser causado por una multitud de cosas de las que en principio no hacía falta preocuparse.

Volvió a orinar oscuro un par de meses más tarde y esta vez su médico lo envió a hacer varias pruebas. Los resultados fueron llegando poco a poco, hasta que un día su médico lo convocó para una cita cara a cara. El diagnóstico de cáncer casi lo tira de la silla en la que se hallaba sentado.

Todavía sin haber podido digerir la noticia llegó a su casa vacía. Su mujer lo había dejado hacía unos veinte años, marchándose con su mejor amigo.

Pablo era un hombre práctico. Cuando su mujer se marchó, lo aceptó como una de esas cosas que pasan en la vida. Aunque lo negaba, parecía enfadado con ella, con "esa zorra", como él la llamaba. De hecho, nunca volvió a hablar con ella desde que se marchó.

Encajó su diagnóstico de manera parecida. ¿Qué le vamos a hacer?, decía.

Cuando lo vi por primera vez, ya ni siquiera se sentía afectado por la noticia. Por lo menos, así lo afirmaba él. Había investigado sus opciones, se había informado de las diferentes maneras en las que podía evolucionar la enfermedad y comenzó a trabajar en un sistema de alimentación, ejercicio y estado mental que le permitiría afrontar su situación de la mejor manera posible.

Incluso había decidido cómo iba a afectar su muerte, cuando ésta llegara, a todos los de alrededor. Su red de apoyo no era demasiado extensa. En el trabajo había desarrollado amistades pero, desde que tuvo que jubilarse por razones de salud, no había mantenido contacto con casi ninguna de ellas. Están todos ocupados, se decía.

Su apoyo más importante era su hija Emma. Emma tenía unos treinta años y estaba casada, sin hijos. Era profesora en una escuela de primaria y decir que era una persona activa se quedaba muy corto. Formaba parte de diferentes grupos y tenía tantas inquietudes que todo su tiempo libre se lo pasaba yendo de un lugar para otro.

Una vez a la semana salía a hacerle la compra a Pablo y le traía todo lo que necesitaba. Pablo se sentía agraciado de tenerla en su vida.

Como decía, Pablo había decidido que Emma se sentiría aliviada una vez que hubiera muerto. Ya no tendría que cargar con la losa de hacerle la compra o venir a visitarlo y podría dedicarse a hacer todas aquellas cosas que le gustaba hacer. Entendía que probablemente estaría triste durante un mes, pero luego se le pasaría todo y seguiría adelante como si nada.

La manera de pensar de Pablo era así. Extremadamente pragmática. Y no le cabía ninguna duda de que sería exactamente así. Cada vez que intenté hacerle reflexionar sobre la posibilidad de que quizá fuera diferente y tal vez el impacto que tendría sobre Emma fuera bastante mayor de lo que pensaba, miraba con incredulidad, como a la persona que le dicen que la fuerza de la gravedad no existe.

Pablo utilizaba las citas semanales que teníamos para hablarme de su pérdida de peso incremental, de las cartas que le habían llegado del hospital y de lo acontecido la última vez que había acudido a ver a su médico. Era todo tremendamente práctico.

Al ver que apenas hablaba de sus emociones o pensamientos profundos, comprobé con él varias veces si lo que necesitaba era tratamiento psicológico y si nuestro trabajo le estaba sirviendo de algo. En seguida me dijo que sí, que le proporcionaba seguridad y que se sentía mucho más tranquilo después de verme.

Seguía sin entender cómo le ayudaban las sesiones, pero nuestro trabajo continuó en la misma línea.

El deterioro de Pablo se fue haciendo más notorio con el tiempo. Además de su continua pérdida de peso, comenzó a quejarse de que le faltaba el aire cuando salía a una tienda cercana a su casa, donde compraba leche y otros productos que le pudieran faltar en momentos de necesidad. De la compra semanal se encargaba todavía su hija Emma. Pablo era un hombre conocido en su barrio y querido por todos. Le encantaban las conversaciones que tenía en la calle y en las tiendas.

Compraba el pan siempre en la misma tienda. Le gustaban las barras de pan de centeno que hacían y le encantaba el trato con las jóvenes panaderas que trabajaban allá. Sin embargo, el momento álgido ocurría las veces que se encontraba con Manolo, el encargado.

Manolo era un hombre de tez morena, bonachón y con una barriga redonda que parecía un balón. Salía a saludar a Pablo siempre que podía, embadurnado de harina blanca y con un delantal blanco con manchas alrededor de la cintura.

La conversación empezaba siempre igual:

- ¡Si es que en este establecimiento dejan entrar a cualquiera! - bromeaba Manolo.

-Pues sí, eso parece. Dejan entrar hasta a un panadero que hace unos panes que son una chapuza - le seguía el hilo Pablo.

- ¡Lo que hay que oír! - decía Manolo. - Yo no sé qué pasa con la gente, pero hay algunos que creen que sacar pegas a todo les hace parecer unos entendidos en la materia. ¿Te puedes creer que hay gente que se queja de estas maravillas? - señalaba a todos los panes expuestos en las cestas de mimbre que descansaban reclinadas sobre las baldas de madera, detrás del mostrador. -Estos son los mejores panes del país - sonreía. - No hay pan como este en el mundo entero.

Pablo le sonreía de vuelta y comenzaban a hablar en serio. ¿Qué tal, chavalote?, le preguntaba Pablo. Intercambiaban opiniones y experiencias y se despedían afectuosamente hasta el día siguiente.

Sin embargo, durante las últimas semanas Pablo llegaba a la tienda sin aliento y necesitaba pararse para recuperarlo.

- Qué pasa, tío. ¿Te ha perseguido un león? - bromeaba Manolo. Era evidente en su mirada que era consciente de la gravedad del asunto, pero quería quitarle hierro para no incomodarlo. Pablo sabía que era una broma compasiva, pero permanecía en silencio hasta poder recuperar el aliento.

- ¡Qué va! - respondía Pablo. -Me han contado que regalabais pan hasta que se agotaran las existencias, pero como me han dicho que quedaba poco he venido a toda castaña...

El afecto entre los dos era tan notorio como siempre en el momento de la despedida, sólo que ahora adquiría un tono de tristeza y preocupación. Ambos sabían lo que se avecinaba.

Pasaron las semanas y su respiración se volvió más laboriosa. Los pantalones le colgaban de manera que probablemente hubiera sido capaz de meterse en una sola pierna de los vaqueros. Su camiseta marrón desgastada, esta vez de John Lennon, ondeaba como una bandera al viento.

Nuestro trabajo semanal siguió consistiendo en un repaso práctico de su situación en la que los temas de conversación no variaban mucho. Hablamos de su pérdida de peso, del hecho de que Emma estaría triste durante un mes y luego se recuperaría y de lo que pensaba hacer con su casa una vez que muriera.

Una invitación suave a pensar sobre su ex mujer se encontró con el mismo muro de piedra de siempre: "esa zorra" se había largado con su mejor amigo, emprendieron una nueva vida y les deseaba lo mejor lejos de él. Hablar con ella, dar un cierre a su relación o hablar de cómo se había sentido, no eran una opción para él.

La siguiente visita a su casa, me abrió la puerta y nos sentamos en un sofá cada uno. Los sofás granates seguían impolutos como siempre. La moqueta beige inmaculada y todo lo demás en el más perfecto orden. Quiso informarme de unas pruebas a las que tenía que someterse en el hospital, pero no quería darme la fecha equivocada.

Pensó en alto, dijo que la carta de convocatoria debía haberle llegado hace dos semanas. Fue al montón de sobres en la esquina, sobre la balda junto a la chimenea, contó tres por arriba y sacó la carta exacta, doblada a la perfección y en un sobre abierto con un corte limpio y que no contenía una sola arruga. Me la enseñó y me explicó que los médicos estaban preocupados por un aneurisma que le podía desencadenar una muerte repentina en cualquier momento.

Se mostró pragmático sobre ello, hasta que una mueca se le fue dibujando en la cara.

- ¿Sabes lo que he estado pensando? - me dijo.

- Ni idea - le respondí. - ¡Sorpréndeme!

Me dijo que su madre siempre había sido una mujer muy espiritual, a diferencia de él. Ya me había dejado claro que para él la muerte era el fin y que no había nada más al otro lado. Sin embargo, de manera resoluta y con la misma sencillez y convicción con la que decidía sus diferentes situaciones y futuro, me explicó:

- No puedo pensar que mi madre estuviera completamente equivocada sobre el más allá, así que, si ella creía en que había algo después de la muerte, es que debe haberlo. Por tanto, estoy seguro que cuando me llegue el turno, vendrá a buscarme al umbral - decidió.

Le pregunté cómo se sentía al pensar que iba a reunirse con su madre y me dijo que era un sentimiento cálido y reconfortante. Le brillaron los ojos por un segundo, pero evadiendo la emoción continuó:

- Lo mejor es que va a organizarme una fiesta en la que van a tocar Jimmi Hendrix, John Lennon y Roy Orbison - se le iluminaba la cara sólo de pensarlo. Lo mejor de todo era que lo decía sin un ápice de duda de que iba a ser así.

- ¡Menuda fiesta! - le contesté - ¿Podré venir yo también? -le pregunté.

Me contestó que por supuesto, que se encargaría de reservarme una entrada VIP.

Me sorprendió mi reacción a su decisión. Por un lado, me parecía el planteamiento más ingenuo del mundo. Por otro lado, ¿por qué no? Si uno decide convertir una suposición que no puede demostrarse en verdad y actuar en consecuencia, ¿cuál es el problema? Todo el sistema de navegación del planeta y las zonas horarias se centran en el supuesto de que el meridiano cero pasa por Greenwich y no hay más que hablar, ¿no?

Lo más importante de todo es que la relación de Pablo con su muerte cambió desde ese momento. En vez de ser algo que hay que aceptar como esas cosas que pasan en la vida, sentía curiosidad, ilusión y esperaba pacientemente a que llegara el momento.

Las dos o tres semanas siguientes estuvieron ocupadas por este sentimiento de Pablo, que seguía convencido de que así sucederían las cosas.

Me comunicaron a los días de verlo por última vez que lo habían ingresado en una residencia. Cuando fui a verlo, acudí a recepción donde una enfermera me condujo hasta su habitación. Los largos pasillos, en los que se respiraba un ambiente clínico y distante, desembocaban en varias salas donde un grupo de ancianos dormitaban al son del telediario.

La habitación de Pablo estaba oscura, con unas grandes cortinas que llegaban hasta el suelo corridas casi hasta no dejar entrar ni un rayo de luz. Olía a desinfectante, probablemente proveniente del dispensador de alcohol líquido situado en el umbral de la puerta, donde todo visitante debía lavarse las manos. La máquina de oxígeno al lado de la cama de Pablo hacía un ruido de fondo irritante y constante. Estaba rodeado por una mujer y un hombre. Eran Emma y su marido. Pablo llevaba una máscara de oxígeno y apenas podía mantener los ojos abiertos.

Supe en ese momento que era la última vez que lo veía. Estaba muy débil y no iba a ser posible mantener una conversación con él. Por lo que me contó Emma, intercalaba largos periodos de sueño con algunos momentos de lucidez.

Estuve un rato sentado con ellos. Emma me puso al día del estado de Pablo y por lo que contaba, estaba cómodo en la residencia. Las dificultades respiratorias son siempre incómodas, pero en cuanto concernía a su cuidado, parecía que lo trataban bien y tenía todo lo que necesitaba.

Cuando llegó la hora de marcharme, me despedí de Emma y su marido. Les deseé lo mejor y les recordé que cualquiera de ellos podía acceder al servicio de apoyo psicológico en cualquier momento, presente o futuro. Después, posé mi mano sobre la de Pablo. Estaba caliente. Giró su cabeza hacia mí y nos miramos unos segundos.

- Disfruta de la fiesta - le dije con un sentimiento de calidez que invadía mi plexo solar.

Levantó las cejas, en respuesta.

- Espero que todavía me quede mucho tiempo, pero asegúrate que me guardas esa entrada que me prometiste. Nos vemos allá - le dije, antes de marcharme.

Hizo una mueca con la boca, como si estuviera sonriendo. Me dirigí a la puerta, la abrí y con el pomo todavía en mi mano, me giré para mirarlo por última vez. Con una sonrisa agridulce, le dije adiós.

Cada persona afronta el final de su vida como suele afrontar el resto de los acontecimientos que tienen lugar en ella. Pablo era un hombre tremendamente pragmático y todos los sucesos, buenos y malos, los abordaba de manera muy práctica.

Su pragmatismo lo llevaba a no hacer elaboraciones complejas de las cosas, a no cuestionarse el porqué de los acontecimientos y a no invertir energía ni tiempo en dar vueltas a las cosas. Para él, las cosas pasaban y ya está.

Nunca llegué a creer que el abandono de su mujer, por ejemplo, le afectara tan poco como él reconocía. De hecho, su enfado era palpable cada vez que se refería a ella como a "esa zorra". Además, requiere mucha energía psíquica cortar con una persona de repente y desterrarla de la vida y de la conciencia de uno mismo.

Una de las cosas que he podido observar en el mundo de los cuidados paliativos es que un gran porcentaje de gente que afronta su muerte se considera ateo, agnóstico o laico. En algunos de los casos, también los hay que rechazan y odian cualquier religión organizada. Sin embargo, el fin de su existencia en la tierra parece impulsar a muchos a buscar sentido en algo más amplio que el meramente terrenal. Este sector de la población, mucho más amplio de lo que jamás hubiera pensado, es el que yo denomino espiritual no religioso.

Pablo era la última persona que hubiera clasificado como tal. Era completamente terrenal. Para él, lo que se ve es lo que hay y punto. Sin embargo, con la ingenuidad y determinación que lo caracterizaba, tomó una decisión que dio un vuelco radical de manera que su muerte adquirió un significado diferente.

Independientemente de que uno estuviera de acuerdo o no con su idea de la fiesta con tan ilustres invitados como Jimmi Hendrix, John Lennon y Roy Orbison, él se sentía ilusionado con la idea y le hacía bien. De hecho, su ilusión era casi contagiosa. ¿Quién no quisiera estar en esa fiesta? Por irracional que parezca, casi sentí hasta envidia de que se fuera a juntar con ellos y yo no.

Muchas veces pienso en cómo será la muerte y en qué me encontraré cuando me llegue la hora. Pero debo confesar que cuando me acuerdo de la posibilidad de que Pablo esté de juerga con ellos me produce una sonrisa. La sonrisa es todavía mayor desde enero del 2016, cuando me enteré que murió David Bowie, uno de los músicos favoritos de Pablo. Desde entonces me imagino que él también se unió a la fiesta.

7

LOS OLIVOS

A lo largo del día un gran número de personas frecuentaba la cafetería que se hallaba cerca del mostrador de recepción. Ofrecía un primer contacto con todo paciente, familiar o visitante que entrara en el centro.

Algunos acudían a citas, otros esperaban a seres queridos mientras estaban siendo atendidos, y otros, simplemente, venían a satisfacer su curiosidad sobre qué aspecto podía tener un establecimiento que trabaja con la muerte.

La gente esperaba de formas diferentes: unos tomaban café en la cafetería, otros hojeaban panfletos informativos y otros, en cambio, deambulaban por los jardines.

Pero casi todos se paraban a observar el mural en proceso que adornaría el tabique corredizo que separaba una sala de reunión de la zona de la cafetería. Era inevitable.

Laura, la pintora encargada de crear el mural, era una argentina de unos cincuenta años. Era de carácter alegre, muy dinámica, y sobre todo, muy dicharachera. Entablaba conversación con todo el que se acercaba y le preguntaba su opinión. De hecho, tenía un bloc de notas cuadriculado sobre una mesilla que había colocado a la vista de todo el mundo, en el que invitaba a escribir sus sugerencias sobre qué incluir en su pintura.

Hacía solamente unos meses que habían terminado las obras para ampliar el centro y poder acoger a más pacientes en el Centro de Día. La obra había sido un éxito y había proporcionado un número de oficinas y salas de reunión que venían haciendo falta desde hacía tiempo.

El Centro de Día convergía con la zona de la cafetería donde la mayoría de los visitantes solía esperar. La dirección del centro había decidido no levantar una pared que separara las dos zonas, debido a que preveían una posible expansión del Centro de Día en el futuro. Por el momento, decidieron utilizar un separador, una especie de biombo formado por paneles de madera unidos por bisagras que a su vez corrían por unos raíles en el techo y el suelo. El resultado final, una vez que se corriera la estructura, era el de una pared de madera gruesa.

Al mes de haber instalado el separador, se efectuó una consulta a toda la plantilla para averiguar su opinión y la gran mayoría convino sobre la falta de gracia que lo caracterizaba. Algunos sugirieron el uso de pósters o algo que lo adornara.

Finalmente se decidió contratar a Laura, quien había participado en proyectos similares en hospitales y otros establecimientos sanitarios. El tema que se le asignó representar era el de un paisaje autóctono.

Un día que esperaba la llegada de uno de mis pacientes, me detuve unos minutos para observar su obra. En el estado en el que se encontraba se podían identificar un par de edificios y un sendero que conducía a ellos, pero la mayor parte del mural estaba formado por pinceladas más o menos aleatorias que carecían de cohesión o forma alguna. Por lo menos de momento.

Laura me habló de su trabajo y me llamó particular atención lo apasionada que se volvía cuando hablaba de lo central que era la interacción de sus espectadores en sus dibujos. Me dijo que sus cuadros eran un proceso vivo que reflejaba las interacciones y sugerencias de muchas personas y eso la fascinaba. Fue entonces cuando una enfermera de la planta interrumpió nuestra conversación para informarme de que mi siguiente paciente había llegado.

Con un gesto, la enfermera me invitó a que la siguiera por un pasillo enmoquetado de paredes color magnolia y adornadas por fotografías a ambos lados, tomadas por pacientes del centro. Maribel estaba ingresada en la última habitación al final del largo pasillo, poblado de una multitud de puertas dobles diseñadas para contener un posible incendio. Éstas impedían que pudiera divisar su cuarto desde donde nos encontrábamos.

Al llegar, la enfermera me indicó la habitación y me encontré con una puerta abierta de par en par. Maribel estaba tumbada en la cama y parecía estar inquieta mientras su marido, Héctor, trataba de calmarla. Héctor tenía un fuerte acento extranjero.

Me presenté y me invitaron a entrar. Maribel tenía un cuerpo esquelético y llevaba un camisón satinado que reflejaba la luz fluorescente de la habitación. Tenía la mano tendida hacia Héctor y su antebrazo no debía de medir más de cuatro o cinco centímetros de diámetro.

Cambiaba de postura una y otra vez, se tapaba y a los pocos segundos se volvía a destapar. Estaba claramente inquieta y parecía no tener paz.

Héctor, que en ese momento era quien mejor de los dos podía contar lo que pasaba, me puso al día sobre la situación. Me informó de que Maribel había tenido ansiedad durante toda su vida adulta. Había estado bajo mucha presión durante su carrera profesional, ya que era la mano derecha de un reconocido diseñador de moda. Cuando nació Sonia no pudo seguir el ritmo y fue abandonando sus ambiciones laborales para estar más en casa.

Su diagnóstico no le pilló por sorpresa, ya que parte de su ansiedad era consecuencia de pensamientos hipocondríacos que siempre había tenido, pero el shock fue tremendo.

Mi primera toma de contacto con ellos fue breve y se limitó a poco más que a descubrir información básica sobre su situación y a concertar una cita dos días más tarde, con el fin de explorar la ansiedad de Maribel.

Héctor me despidió con una sonrisa y Maribel alzó su mano según me acercaba al umbral de la puerta. Me adentré por el largo pasillo y crucé todas las puertas dobles en dirección contraria en la que había venido hacía tan solo unos minutos. Sentía mucha curiosidad por indagar un poco más en el mundo interno de cada uno de ellos y su relación.

Cuando llegó el día de ir a verlos, me dirigí hacia la zona de recepción para tomar el pasillo que conducía a la planta. Aprovechando que mi ruta pasaba cerca del mural, que iba avanzando poco a poco, me detuve a observar la obra de arte. Identifiqué un gorrión posado sobre una rama que no estaba la última vez que vine por allá y lo comenté con Laura.

-Divino, ¿verdad? - contó con su acento argentino. - Me lo pidió un paciente que venía al Centro de Día. Me dijo que le encantan y que si le hacía el favor de pintar uno. Me pareció bárbara la idea, ¿viste?

Asentí con la cabeza y la felicité por su trabajo. Parecía estar consiguiendo que el mural se impregnara de vida y se convirtiera en un objeto interactivo.

Me dirigí hacia la habitación de Maribel y la encontré tendida en su cama. Me dijo que Héctor había salido a tomar un café pero que no tardaría en llegar. Antes de que terminara la frase, apareció Héctor. Llevaba un polo Lacoste color amarillo pálido, unos pantalones negros de pinzas y mocasines negros. Su cabello negro engominado, peinado con raya, mostraba algunas canas. Entró en la habitación y se dirigió hacia el sillón adyacente a la cama de Maribel. Dejó tras de sí una nube de aroma a colonia.

Héctor trabajaba en un banco y mantenía un cargo de bastante responsabilidad. Desde que su mujer enfermó, había bajado el ritmo un poco y finalmente llegó a un acuerdo con sus superiores para poder trabajar desde casa la mayor parte del tiempo. De vez en cuando tenía que viajar a la ciudad y presentarse en su oficina para acudir a una reunión importante.

Les pedí que me pusieran al día sobre su situación médica, psicológica y social. Hablamos largo y tendido sobre la ansiedad de Maribel y sobre cómo la habían manejado como pareja durante tanto tiempo. Me hicieron alguna pregunta y cuando llegó el momento de empezar a tomar decisiones sobre el potencial trabajo que podríamos hacer juntos, Maribel dijo que ella no sentía ninguna necesidad.

Sentí una ligera decepción, ya que podía observar la inquietud que le creaba su estado. Además, veía que Héctor sufría mucho, de una manera quizá menos visible que ella.

Héctor dijo que él necesitaba ayuda y que no podía seguir así. Trató de convencerla, pero ella se negó. Defraudado por la decisión de Maribel, Héctor solicitó que nos reuniéramos a solas al menos un par de veces para ver si podía ayudarle con su parte del proceso.

Me despedí y me alejé de su cuarto con una sensación de pesadez en el pecho. Respiré profundo mientras encaraba la primera puerta del pasillo y al exhalar noté que mi pesadez se convertía lentamente en tristeza. Quería ayudar a Maribel y sabía que un par de sesiones podían ser beneficiosas para ella, pero a la vez, ella tenía claro que no quería, y estaba en su perfecto derecho. Afortunadamente, los años de trabajo en cuidados paliativos me habían hecho desarrollar una relación íntima con mi propio sentimiento de impotencia. La exposición constante al sufrimiento de personas a las que me hubiera gustado ayudar, y no poder hacer nada al respecto, me había ayudado a aceptar con humildad y a respetar las decisiones personales de pacientes y familiares.

No sé muy bien por qué, pero tanto Maribel como Héctor ocuparon mis pensamientos durante los siguientes dos días. Un mañana, mientras conducía por las carreteras comarcarles que conectaban el pueblo donde vivía con el centro donde trabajaba, sentí que todavía acarreaba la tristeza y la pesadez que me habían invadido la última vez que vi a Maribel. Mi camino duraba unos cuarenta y cinco minutos y el paisaje que me rodeaba era de una belleza sin par. Las colinas que se divisaban en el horizonte estaban pobladas por campos de colza, que durante esta época del año se vestían de amarillo intenso. El contraste entre el color dorado de la colza y el verde oscuro de los prados de alrededor convertían el paisaje en una escena digna de figurar en uno de los cuadros de Van Gogh.

Cautivado por la belleza de la vista, noté que mi imaginación me llevaba a la habitación de Maribel y Héctor. Trataba de adivinar en mis pensamientos cómo estaban, pero no hallaba respuesta.

Estacioné mi coche en el aparcamiento y como casi todas las mañanas, me detuve en El Santuario. Era una salita pequeña que servía de capilla para pacientes y familiares. Contenía objetos decorativos de todas las grandes religiones y una larga estantería de pared ofrecía al público libros y oraciones espirituales de origen religioso y laico.

Entré y cerré la puerta, encerrando conmigo ese silencio que solo puede escucharse en los templos vacíos. Varias sillas en semicírculo rodeaban una mesa baja de cristal cubierta con un mantel azul marino, sobre la cual reposaba un gran cuenco lleno de agua. En él, flotaban unas velas prendidas que mantenían viva la llama de los buenos deseos y esperanza de los visitantes que las habían colocado. Al fondo de la sala, un gran ventanal desde el suelo hasta el techo daba a un jardín impresionante, en cuyo centro se encontraba una fuente que manaba de una gran bola de cerámica rodeada por figuras de Buda meditando.

La sala me inspiraba paz y pasar unos minutos en silencio, con los ojos cerrados, me ayudaba a prepararme para mi día de trabajo. También me permitía conectar con el componente sagrado que corresponde al umbral entre la vida y la muerte. El mundo médico tiende a tratar la muerte como un proceso mayoritariamente mecánico y comenzar las mañanas con un poco de reflexión me ayudaba a equilibrarme.

Una vez en mi despacho leí varios correos, contesté otros y acudí a una reunión. A media mañana recibí una llamada de una de las enfermeras que se encontraba en planta. Me pidió que bajara. Maribel había tenido un ataque de pánico y había solicitado verme. Le indiqué que estaba disponible y que iría a verla en cinco minutos.

Cuando llegué a su habitación, Maribel parecía poseída. No paraba de moverse y tenía dificultad para respirar. Estaba teniendo un ataque de pánico y estaba convencida de que iba a morir en ese mismo instante.

Saludando de pasada a Héctor, me acerqué a la cama donde se retorcía y la llamé por su nombre. Con su mirada vagando por toda la habitación, respiraba con dificultad mientras murmuraba de forma casi inaudible: No sé qué hacer... No sé qué hacer...

Vacía de aire tras el murmullo constante, inhalaba de forma sonora, y seguía con su mantra. Ni siquiera me miró cuando la llamé.

Estaba claro que estaba atrapada en un círculo cerrado de pensamiento. Lo que fuera que pasara por su cabeza la inquietaba y esto hacía que su cuerpo se tensara y contuviera la respiración. Cuanto más hiperventilaba, más se ahogaba, lo que a su vez aceleraba su pensamiento y este alimentaba todavía más su sensación de estar en situación de peligro.

¡Maribel! - la volví a llamar - ¡Mírame a los ojos!

Me miró confundida, como alguien a quien le acaban de dar instrucciones que no entiende. Sentí que me miraba a la cara, pero no establecía contacto con mi mirada. Lo intenté una vez más.

- Eso es, Maribel. Mírame a los ojos. . . - pareció sentirse aliviada de no estar sola - Mírame y respira hondo. Dime lo que te pasa.

- ¡No sé qué hacer! Sonia tiene solamente 12 años. . . ¡No voy a estar ahí cuando me necesite! Y además. . . - Volvió a retorcerse con las manos sobre su abdomen. Le faltaba el aire otra vez y había vuelto a entrar en la espiral de pensamiento negativo.

- Maribel, mírame otra vez - le pedí. Volvió a mirarme y a sentir el alivio de volver a haber sido encontrada. - Descríbeme lo que ves.

- No sé. . . ¿Cómo que describa lo que veo?

- Descríbeme exactamente lo que ves. Lo que sea que ven tus ojos, ponlo en palabras.

Me miró un poco confundida, pero asentí con la cabeza para que prosiguiera. Estaba atrapada en su pensamiento, anticipando un futuro imaginado y albergaba solamente las posibilidades negativas de lo que pudiera pasar. Se estaba convenciendo a sí misma que aquello tan horrible que estaba anticipando era realmente lo que iba a pasar y se estaba volviendo loca a sí misma.

- Veo que me miras medio enfadado - dijo, según apartaba la mirada.

- Eso no es lo que ves, Maribel - le dije en tono tranquilo y compasivo - eso es lo que te imaginas. Mira otra vez y dime lo que ves.

Volvió a mirar, reticente:

- Veo que me estás mirando - dijo esta vez.

- Muy bien - la animé - eso sí es un hecho real. ¿Qué más?

- Veo a un hombre con cara de impaciente...

- Eso lo estás imaginando otra vez. Es verdad que soy un hombre y que tengo una cara, pero el hecho de que parezco impaciente es una interpretación tuya. A lo mejor puedes encontrar hechos en los que basas tu interpretación. Por ejemplo, uno puede tener la piel de la cara roja y puede tensar los músculos de la mandíbula y esto es un hecho que puede observarse. Pero el que esa persona esté enfadada es una interpretación. Una fantasía que puede además ser cierta, pero puede que no. Trata de remitirte a los datos observables, sin elaborarlo.

Noté que parecía más relajada y que al haber enganchado con nuestra conversación había salido un poco de su pensamiento circular. Miró alrededor y comenzó:

- Veo un cuadro con marco de metal colgado de la pared...

- Muy bien... sigue...

- La pared es lisa y de color crema... Veo las barras de mi cama y un suelo con moqueta gris...

El ejercicio duró unos minutos y su ansiedad desapareció casi por completo. La respiración se hizo más lenta y profunda y la tensión de su abdomen se esfumó. Le pregunté cómo se sentía y me confirmó que mi percepción era acertada.

Le expliqué un poco cómo funciona la ansiedad y lo difícil que es salir de esa espiral de pensamiento cuando uno se encuentra atrapado en ella. Le dije que la manera de salir era rompiendo el círculo vicioso y que ahora ya tenía una herramienta para volver a salir si volvía a encontrarse atrapada.

Héctor había estado callado en su butaca, observando el proceso, con una mirada de incredulidad. La mezcla de admiración y, a su vez, frustración por todas las veces que no había podido lograr calmarla se reflejaban en el brillo de sus ojos.

Maribel y Héctor se miraron y pareció que por primera vez en mucho tiempo podían verse. Ella lo miraba un poco avergonzada por hacerle pasar por algo difícil, aunque no fuera su intención. Él la miraba compasivo. El alivio era observable entre ambos.

Trabajamos un poco en integrar esta experiencia. Hablamos del contacto con la realidad, no el imaginado, como el antídoto contra la ansiedad y recapitulamos para recalcar algunas de las herramientas prácticas que pudieran utilizar en el futuro si volvían a encontrarse en una situación parecida.

Cuando nuestro encuentro llegó a su fin, volvimos a retomar la conversación sobre la posibilidad de trabajar juntos pero, como antes, Maribel decidió que no era para ella. Esta vez, cabizbajo, Héctor coincidió con ella y me comunicó que no tenía mucho sentido comenzar nada si ella no quería involucrarse. Aún así, decidió concertar una cita la semana siguiente para poder digerir los sentimientos con los que se quedaba tras la decisión de Maribel.

Pasaron cuatro o cinco días desde que los vi por última vez y un día que pasaba por recepción me detuve ante el mural. Vi que se insinuaba una especie de árbol en la ladera de una colina, cerca de una casa de campo.

- Relinda, ¿verdad? - dijo Laura acercándoseme por detrás.

- Parece un árbol - fui a lo seguro antes de arriesgarme - ¿Un roble?

- ¡Casi! - dijo con cara de satisfacción - Es un olivo. Hay una pibita pequeña de unos doce años, Sonia, que me viene a ayudar por las tardes. Viene a visitar a su mamá después del colegio y cuando se aburre, viene a ver qué hago. La invité a que me ayudara, dando unas pinceladas a una paloma acá abajo y, poco a poco, fue tomando confianza, ¿viste? Me dijo que el árbol favorito de su mamá es el olivo y finalmente se atrevió a pedirme que le pintara uno. Ella da las pinceladas gordas y yo las finas.

- ¡Me encanta! - le dije mientras me despedía alzando la mano. Me marché sonriendo para mis adentros.

Sabía que Sonia era una de las mayores preocupaciones de Maribel pero que a la vez no hablaban de ello. A Maribel le causaba demasiada ansiedad pensar en Sonia y su bienestar y me pareció que proyectaba parte de su propia fragilidad en ella. Era una chica fuerte y alegre y me imaginé que si Maribel aceptara su propia fragilidad, quizá se sintiera menos ansiosa por su hija.

Me alegró saber que Sonia había encontrado una manera de comunicarse indirectamente con su madre, o de rendirle homenaje sin exponerse.

Llegó el día de la cita con Héctor y lo encontré esperándome en recepción, completamente afligido. Parecía pesarle el cuerpo, la cabeza y el alma. Lo recibí con una sonrisa y lo invité a pasar a la sala. Se sentó en una butaca enfrente del sofá donde me senté yo. Comenzó a hablar sobre la situación y en menos de un minuto parecía como si me encontrara ante un niño que está teniendo una pataleta. Estaba frustrado sobre la actitud de Maribel, sobre su ansiedad, sobre su falta de consideración por él y resentía, sobre todo, que no quisiera aceptar ayuda psicológica para mejorar la situación.

Una de las cosas que más le molestaba era que no entendía algunas de sus acciones últimamente. Había pasado varios días hablando sobre olivos. Héctor sabía que el olivo tenía especial significado tanto para Maribel como para Sonia. Cuando era pequeña fueron a pasar un verano a Jaén y Sonia había estado un poco rara durante unos días. Después de tratar de hacerla hablar, le dijo a Maribel que tenía que contarle una cosa pero que jamás podía contársela a nadie. La llevó a una pista rural cercana a donde estaban hospedados y cerca de una iglesia en ruinas, bajo un gran olivo, le contó su secreto. Desde entonces el misterioso intercambio quedó sellado entre las dos para siempre.

Fue un acontecimiento importante y la relación entre ambas se volvió más estrecha. A veces Héctor se sentía rechazado, pero, por otro lado, le gustaba ver la complicidad que compartían madre e hija. Aunque en ocasiones le hiciera sentir celos.

Héctor parecía confuso mientras me contaba lo del olivo y no comprendía la relevancia que pudiera tener en este momento. Además, no comprendía por qué Maribel pasaba cada vez más tiempo hablando con Laura, la pintora. Durante los dos últimos días había pedido a Héctor que trajera a Laura a su habitación y las dejara hablar a solas durante unos minutos.

Intrigado, un par de horas después de que concluyera nuestro encuentro, tuve la primera oportunidad para ir a hablar con Laura. Desde varios metros de distancia, mis ojos se toparon con los suyos y la sonrisa que se insinuaba en su cara fue haciéndose cada vez más pronunciada según avanzaba en dirección a ella, que tenía a la espalda el mural sin terminar. La saludé y comencé a observar la pintura. En apenas dos o tres segundos localicé el segundo olivo en la parte inferior de la colina, arroyo abajo de donde se encontraba el primero.

Se apoderaron de mí una serie de sentimientos contradictorios. Sentí una especie de euforia según pensaba en la huella que habían dejado madre e hija a través de la pintura. Después sentí como si quisiera patalear por el hecho de que las dos pasaban horas juntas cada día y parecían no poder comunicarse en persona, pero este sentimiento se transformó rápidamente en una profunda tristeza que me invadió por completo. Pensé en todo aquello que quedaría sin decir entre las dos: la tristeza, el amor, el dolor, el agradecimiento y muchas otras cosas más.

Perdí la noción del espacio y del tiempo hasta que escuché a Laura decir mi nombre. La miré y el destello que vi en sus ojos me hizo pensar que entendía cómo me sentía. Hizo un comentario sobre la belleza de los olivos y asentí, consciente de que ambos sabíamos que no podíamos hablar más de ello debido a nuestra obligación de asegurar la confidencialidad de Maribel y Sonia.

Durante mi siguiente sesión con Héctor, tuve la fantasía de pararlo mientras compartía conmigo su intriga sobre el porqué de los encuentros entre Maribel y Laura. Me hubiera gustado decirle lo que estaba pasando y que supiera que su mujer y su hija se estaban comunicando de manera indirecta. Hubiera querido alentarlo a que se hiciera cargo de la situación y convocara una reunión familiar para resolver lo necesario antes de que fuera tarde.

Sin embargo, contuve mi conflicto interno y permanecí sentado frente a Héctor. Le escuché con atención y ofrecí algunas palabras de reconocimiento, haciendo espacio para su confusión.

Antes de nuestra siguiente cita, Héctor me llamó por teléfono. Me informó de que Maribel había muerto. Me dijo que fue una muerte relativamente pacífica, aunque hubo momentos en los que la ansiedad se había apoderado de ella. A él le causó mucho malestar verla sufrir de esa manera. Cuando perdió la consciencia su respiración se volvió cada vez más laboriosa, pero todos sus signos vitales indicaban que se encontraba tranquila. Emitió su última exhalación a altas horas de la madrugada mientras Héctor dormitaba en su butaca con su mano sobre la de ella.

Héctor solicitó verme de nuevo unas semanas después del funeral. Hablamos de Sonia, de sus preocupaciones a la hora de cuidarla y de sus dificultades diarias, pero, en general, tanto él como ella parecían estar viviendo su nueva realidad de una manera relativamente sana.

Continué viéndolo hasta unos tres meses después de la muerte de Maribel. Durante todo este tiempo, seguía expresando la inquietud que le producía el misterio de las reuniones con Laura.

Ha pasado más de una década desde que terminara el mural y Laura se embarcara en su siguiente proyecto pictórico. El tabique de madera temporal que sirvió de lienzo para la pintura que facilitó el intercambio entre Sonia y Maribel sigue estando en el mismo lugar, a pesar del crecimiento del Centro de Día. He pasado numerosas veces ante él y he observado a miles de personas contemplar la pintura y hacer algún comentario al respecto. Pero muy poca gente conoce los verdaderos secretos que se ocultan tras una serie de pinceladas policromadas que representan los diferentes componentes de un paisaje autóctono.

Conocer algunos de los secretos codificados hace que contemplar el mural todavía me produzca emoción. A la vez, me pregunto sobre todos aquellos secretos que nunca supe y nunca llegaré a descubrir. Secretos que probablemente solo conozca Laura.

La historia de Maribel refleja muy bien la dicotomía presente en algunos pacientes paliativos. Por un lado, el problema que la atormentaba era la ansiedad. Por otro lado, esta ansiedad no era nueva ni se derivaba de su enfermedad. Había estado presente durante toda su vida adulta y había dado lugar a problemas de relación entre ella y Héctor. Como toda pareja, habían aprendido a vivir con sus problemas, pero la enfermedad de Maribel amplificó su ansiedad y con ella sus problemas de relación.

La ansiedad de una persona, enferma o no, se puede abordar de maneras diferentes. Por un lado, hay toda una especialidad clínica que ha ela-

borado una serie de técnicas que permiten calmarla. Sabemos que, si uno aprende a relajar su respiración, a tener pensamientos positivos, utiliza técnicas de distracción, etc., la ansiedad disminuye y uno puede adquirir esas herramientas para controlarla cuando aparezca. En parte, esto es lo que hice cuando Maribel se encontraba en pleno ataque de pánico.

A un nivel más profundo, la ansiedad es síntoma de algo más grande, un problema de relación. Este problema puede revertirse en etapas clave en la vida de uno, con frecuencia en la infancia. Aún así, este no era el momento de realizar este trabajo con ella, a estas alturas de su vida. Sin embargo, su ansiedad había creado un patrón de relación entre ella y Héctor que había resultado en frustración y resignación crónicas para los dos.

Mientras uno no es feliz, o se resigna a vivir con sus problemas como lo ha hecho hasta ahora, siempre existe la posibilidad de algo mejor. El sueño de que todo cambiará en un futuro nos impulsa a soportar muchas de las infelicidades crónicas que son nuestras compañeras de viaje. Cuando se nos indica que nuestra vida va a durar mucho menos de lo que pensábamos, el sueño de un futuro mejor empieza a morir y comenzamos a darnos cuenta de que lo que hay es lo que hay.

Este es el momento crucial en el que algunos toman la decisión de cambiarlo. Al igual que una herida de flecha, extraerla produce mucho dolor y una hemorragia peligrosa, pero es necesaria para la sanación. Sin embargo, cuando la herida es mortal y el tiempo breve, dejar la flecha en la herida puede ser la mejor opción. El precio de hacer el trabajo psicológico es muy alto: requiere mucho esfuerzo, puede provocar malentendidos, dolor, abrirse y exponer nuestra vulnerabilidad, etc., y resulta mucho más fácil seguir con lo de siempre durante el poco tiempo que queda.

El precio invisible de no realizar este trabajo es el dolor que acompaña a todos los participantes durante todo el proceso. Al ser crónico, a menudo no se siente hasta más tarde, de la misma manera que no notamos la incomodidad de un zapato hasta que nos lo quitamos.

Lo que puede resultar trágico es el hecho de que, tras morir la persona, todo aquello que quedó sin resolver se vuelve irresoluble. Para siempre.

Maribel tomó la opción de dejar las cosas como estaban. Como resulta comprensible, no quería hurgar donde duele. Una de las consecuencias de su decisión fue la frustración de Héctor y la intriga sobre el porqué de los olivos y las visitas de Laura.

Me imagino que Sonia vio el segundo olivo en el mural, pues pasaba todas las tardes con Laura, pero no puedo estar seguro de que fuera así. Supongo también, salvo que Sonia lo supiera y se lo dijera, que Héctor ni siquiera sabe nada acerca del mural y los olivos.

Por razones de confidencialidad, los datos identificadores de esta historia han sido alterados de manera que si Héctor o cualquiera que le conozca la leyera, no sabrían que se trata de él.

No puedo evitar preguntarme cómo se sentiría Héctor si conociera la verdad. Por lo que consta, el mural sigue estando en un espacio accesible al público y puede visitarse.

8
NEGACIÓN

El aparcamiento de su casa era una mezcla entre museo y chatarrería. A Ramón siempre le había encantado comprar coches antiguos y arreglarlos. Durante años se dedicó a ello en sus ratos libres, sobre todo cuando no le tocaba trabajar. Había sido mecánico en un taller de maquinaria para barcos y sus turnos de trabajo eran irregulares. No le gustaban los turnos de día porque no le gustaba hacer lo que hacía la gente normal. Cuando trabajaba de noche dormía unas horas por la mañana, pero en cuanto podía, se dedicaba a reparar sus automóviles. De vez en cuando le tocaban tres o cuatro días seguidos de fiesta y no había cosa que le hiciera más feliz. Se levantaba pronto por la mañana y tras tomarse un café y encenderse el primer cigarrillo, se ponía un buzo azul marino cubierto de grasa negra y comenzaba su labor. La gente normal pensaba que era un simple mecánico y que su trabajo era aburrido, pero lo que no podían comprender era el arte y la complejidad necesarias para arreglar automóviles. Debía emplear todos sus conocimientos y convertirse en una mezcla entre ingeniero, cirujano y detective; todo ello en un equilibrio perfecto.

Verónica era ama de casa. Los dos pertenecían a una generación en la que las mujeres se quedaban trabajando en casa y cuidando de los niños, mientras que el hombre de la casa salía a ganar el pan de cada día.

Pero el plan no les había salido como esperaban. Tras años intentándolo, no pudieron tener hijos.

Cuando Ramón alcanzó la edad de la jubilación se dedicó a cultivar su pasión: reparar coches antiguos.

Los dos disfrutaron mucho en los últimos diez años, desde que Ramón estaba en casa todos los días. Él hacía lo que le gustaba y a ella le encantaba verle trabajar. Le traía café, le regañaba por fumar demasiado, le traía la comida hasta su taller-museo-chatarrería y estaba siempre atenta a ese momento mágico. En cualquier momento Ramón podía gritar su nombre en un tono de voz concreto que ella sabía identificar y que solo podía significar a una cosa: el coche estaba arreglado.

Cada vez que oía su nombre en ese tono, dejaba todo y salía corriendo hasta el taller, donde Ramón la esperaba con ansia. Con ojos brillantes buscaba los de ella, se sentaba en el asiento del conductor y, mirándola, giraba la llave. El sonido de arranque se convertía en música celestial para los dos. Con el motor todavía en marcha, se bajaba del coche la cogía en sus brazos y la besaba con pasión.

Ambos sabían que era hora de entrar en casa y ponerse guapos. No importaba la hora del día que fuera, los dos tenían la obligación moral de salir a dar una vuelta con el coche nuevo.

A Verónica le encantaban esos viajes. Ramón se arreglaba, se ponía colonia y se peinaba. Por arte de magia, en un instante, el mecánico de pocas palabras y descuidado se transformaba en un caballero apuesto que la agarraba de la mano y la trataba como a una princesa. Era como volver a ser novios.

*****

Fue difícil encontrar un lugar para aparcar en la calle donde vivían. El aparcamiento de Ramón y Verónica estaba ocupado por varios automóviles a medio arreglar. Algunos tenían el capó abierto, otros se hallaban elevados sobre un gato hidráulico y sin una rueda.

Solamente hacía una semana que había empezado a trabajar como psicólogo en un centro de cuidados paliativos y, como parte de mi formación para este puesto, mi jefe había organizado un día en el que saldría a hacer visitas domiciliarias con Elena, una enfermera especialista en paliativos. Mi labor era observar.

Después de aparcar, cruzamos el museo y llamamos a la puerta. Abrió una señora rechoncha con un delantal a cuadros rojos y blancos. Nos identificamos y abrió la puerta del todo a medida que se arreglaba el pelo con la otra mano:

- Pasen, pasen - dijo con cara de avergonzada. - ¡Y yo con estos pelos!

- No se preocupe, señora - dijo Elena. - Está usted guapísima así - continuó quitándole un poco de hierro al asunto. - Usted debe ser Verónica.
..

- Sí, pero me pueden llamar Vero. Ramón está en el baño. ¡Ramón! ¡Ven, que ya han llegado!

Nos invitó a entrar en la cocina, donde había una mesa rectangular con cuatro sillas. Había varias baldas que cubrían la pared de lado a lado, repletas de molinillos de café, balanzas y decenas de artilugios mecánicos antiguos.

- A Ramón le encanta reparar todo - dijo Vero anticipándose.

Hizo un gesto señalando la mesa para que nos sentáramos. Nos preguntó si queríamos un café y abrió un armario del que sacó un paquete de galletas. Lo abrió y colocó unas cuantas sobre un plato blanco que trajo a la mesa.

Se oyó un chasquido que provenía del pasillo que conectaba la entrada principal con la cocina. Mientras la puerta se abría lentamente, apareció un hombre grande de barba larga canosa con un pantalón de chándal y un polo que le quedaban grandes. Tenía un aspecto débil y andaba lentamente. Entró sin decir palabra y se sentó en una de las sillas mientras Vero se ocupaba de las presentaciones.

Ramón tenía un cáncer óseo. Debido a un diagnóstico tardío, se había diseminado por el páncreas y el hígado.

Lo primero que me llamó la atención era la tensión que se respiraba en aquella cocina. Ramón parecía inquieto y, para un hombre de pocas palabras, se le veía muy rápido en las contestaciones y chistes forzados que sólo parecían hacerle gracia a él. Su risa estridente rozaba la histeria.

Verónica, por su parte, parecía perderse en contestaciones caóticas a las preguntas de Elena, perdiendo el hilo de manera frecuente. Estaba claro que la visita iba a ser muy larga.

Tras unos minutos de conversación superficial, Elena se puso más seria y trató de encauzarla para poder abordar las preocupaciones e inquietudes de los dos sobre la enfermedad. Una vez más, la conversación desembocó en una especie de nebulosa. El uso de frases como este pequeño problemilla, o esto que me está pasando me hicieron pensar que estaban tratando de evitar hablar del tema.

Cuando Elena preguntaba sobre las emociones de Ramón, éste se las ingeniaba para llevar la conversación al terreno físico y le hablaba de falta de fuerza en las piernas y cosas similares.

Elena, dándose por vencida, me dijo si quería preguntar algo. Les pregunté cómo lo llevaban y si hablaban entre ellos de lo que estaba pasando. Les pregunté si tenían con quién desahogarse y su contestación fue tajante: ellos se lo contaban todo y no necesitaban más apoyo que el que ya tenían. No tenían secretos, añadió él.

Elena y yo nos miramos. En el coche de camino a su casa habíamos estado comentando el pacto de silencio entre familiares y parejas cuando uno está enfermo y las dificultades comunicativas que esto ocasiona.

Al cabo de unos minutos Ramón se disculpó diciendo que debía ir al baño. Vero, poniéndose de pie, le preguntó si necesitaba ayuda, pero él, sacudiendo la cabeza, salió de la cocina cerrando la puerta tras de sí.

Vero habló un rato de sus preocupaciones sobre la enfermedad de Ramón y la ansiedad que le provocaba ser la responsable de administrar la medicación correcta. Tenía miedo de darle algo que no debía u olvidar alguna dosis. Todas éstas eran preocupaciones que no se sentía capaz de expresar cuando él estaba delante. Acto seguido, miró hacia la puerta para asegurarse que no había vuelto todavía. Apoyó las manos sobre la mesa, se inclinó ligeramente hacia delante y con cara de consternación, bajó la voz y dijo:

- Ramón se está muriendo, pero no lo sabe.

Noté cómo me subía la sangre a la cabeza y sentí un calor repentino que me abrasaba ambos carrillos. Se empezaron a oír pasos y se abrió la puerta. Ramón entró de nuevo y se sentó en su silla.

Volvió a hablar de preocupaciones físicas, particularmente la gran pérdida de peso que había sufrido en las últimas semanas. Toda su ropa le quedaba enorme y le preocupaba que la gente pensara que pareciera un pordiosero.

Habló de sus coches y del hecho de que su pasión le había abandonado. Tenía varios modelos en los que estaba trabajando de manera simultánea pero últimamente no tenía ni ganas de mirarlos; algo que no se le hubiera ocurrido nunca que pudiera pasar.

Elena le preguntó sobre la quimioterapia y los efectos que estaba teniendo sobre él. Estaba contento de que por ahora no se le había caído el pelo. Lo que más le preocupaba era su pérdida de apetito. Vero cocinaba para él y a él le atraía el olor y el aspecto de su comida. Pero cuando se la ponía delante no tenía ganas de comer. Se sentía mal, pues era consciente del esfuerzo que ponía ella en cocinarle sus platos favoritos.

Hablamos de la siguiente resonancia. Elena le preguntó qué resultados esperaba. Él se encogió de hombros y mirando a Vero levantó las cejas. Ella le respondió con el mismo gesto.

Les preguntó si sabían la fecha de la siguiente resonancia y Vero dijo que tenía la carta en su dormitorio. Abrió la puerta y salió decidida a buscarla, con paso firme, cerrando la puerta de la cocina a su paso.

Tras un momento de silencio, Ramón se inclinó hacia adelante y con cara de consternación y bajando la voz, dijo:

- Me estoy muriendo, pero Vero no lo sabe...

Sentí cómo se me formaba un nudo en la garganta. ¿Cómo podía ser que los dos supieran lo que estaba pasando y aún así pensaran que la otra persona no lo sabía? ¿Era eso lo que realmente pensaban, o simplemente no querían hablar del tema? Trabajando en cuidados paliativos durante más de una década descubrí que era un hecho bastante común entre muchas parejas.

Una vez que Vero volvió a la cocina traté de mencionar palabras como cáncer con la expectativa de que empezaran a llamar a las cosas por su nombre. Mi invitación tuvo cierto éxito, ya que al menos una vez, Ramón utilizó la palabra.

Se cumplió el tiempo asignado para la visita y antes de despedirnos Elena preguntó si querían volver a verme. Sin parecer demasiado convencidos dijeron que sí y acordamos que vendría a verlos la semana siguiente. Nos despedimos y montamos en el coche para dirigirnos a la siguiente visita.

Una vez en el vehículo intercambiamos opiniones sobre lo ocurrido y Elena confirmó que tratar de proteger al otro de la verdad era algo muy común en pacientes paliativos.

*****

Marqué el intermitente para indicar la entrada a la calle donde se hallaba la casa de Vero y Ramón. Por suerte, una furgoneta salía de enfrente de su casa y conseguí aparcar justo al lado del taller-museo-chatarrería. Cogí mis apuntes, crucé la parcela entre coches y toqué la puerta.

Esta vez Vero estaba preparada y me invitó a entrar en la cocina. Ramón ya estaba sentado a la mesa y, con un gesto, me invitó a sentarme a su lado.

Enseguida entendí que querían evitar hablar del tema. Me preguntaron de dónde era. Cuando se lo dije, Ramón empezó a hablarme de unas vacaciones que habían pasado por la zona, y empezó a contar historias sobre cosas que les sucedieron cuando andaban por allí. En cada historia le preguntaba a Vero: ¿Te acuerdas?

Tras varios intentos fallidos, conseguí encontrar un resquicio por el que entrar a preguntarles qué tal estaban y así hablar de sus inquietudes. Él me dijo que la conversación que habíamos tenido la semana pasada les había ayudado a aclarar muchas cosas sobre el cáncer. Desde entonces todo estaba bien como estaba.

Me quedé decepcionado cuando entendí que no tenían intención de profundizar más en el tema. Me cuestioné qué derecho tenía yo para decidir si era necesario hablar sobre un tema tan difícil para ellos, y terminé resignándome. La tensión era palpable en la cocina y estaba claro que Ramón estaba haciendo un esfuerzo tremendo para controlar toda conversación que pudiera terminar donde no debiera. ¡Tenía que ser agotador! Lo que había presenciado debía de ser solamente un destello de la tensión y el control en las interacciones diarias entre Ramón y Vero.

Continuamos hablando un rato y habiendo dejado claro que no precisaban más de mis servicios, me despedí y me marché.

****

Una mañana de verano, algunos meses más tarde, llegué a mi despacho a la hora habitual. Dos compañeros de trabajo conversaban de forma acalorada sobre algo. Un miembro de nuestro equipo debía asistir a la reunión diaria donde se decidía a qué pacientes ingresar en planta y ambos tenían citas concertadas. Yo estaba libre, así que me ofrecí a acudir a la reunión.

Bajé las escaleras que conducían a la sala donde se congregaban los médicos y las enfermeras comunitarias para presentar sus casos. Como cada mañana, el olor a café y tostadas recién hechas inundaba la planta, penetrando en las salas cercanas y distrayendo a toda persona que tratara de concentrarse en alguna reunión importante.

- Hmmm... Ya comería yo un par de tostadas... -dijo uno de los médicos mientras esperábamos a la directora médica para comenzar la reunión.

- Ya... Qué hambre, ¿verdad? - respondió una enfermera.

La directora médica entró en la sala, cerró la puerta con brusquedad y tomó asiento con determinación. Hizo un gesto para que comenzara la reunión y las tres enfermeras presentes empezaron a hablar de sus pacientes y a presentar las razones por las que necesitaban ingresar.

Los ingresos se efectuaban por prioridad y como de los cuatro pacientes expuestos uno de ellos se hallaba en el hospital y el otro en una residencia geriátrica, se decidió ingresar a los dos que restaban.

La jefa de planta dijo que se encargaría de los trámites necesarios y pidió los nombres para empezar el papeleo. Fue entonces cuando me di cuenta que uno de ellos era Ramón.

*****

Miré al gran reloj de pared en mi oficina para confirmar que solamente habían pasado treinta segundos desde la última vez que miré. Las esperas se me hacen eternas cuando un paciente llega tarde. Quería aprovechar un hueco para saludar a Ramón y se me desencadenó una batalla interna sobre cuánto tiempo debía esperar antes de dar la cita por anulada. Me generaba ansiedad pensar que si fuera a saludarlo y mi cita llegaba, las recepcionistas no podrían localizarme. Por otro lado, si me quedaba esperando en mi despacho podría perder la oportunidad de ver a Ramón.

Pasaron unos quince minutos y decidí que ya había esperado suficiente. Bajé a planta rápidamente, con la esperanza de verlo. Sabía de sobra que ver a un paciente ingresado en planta es una tarea difícil. Si no está dormido, están los médicos. Si no están los médicos, tiene visitas. A veces hacen falta cinco o seis intentos para tener éxito, pero siempre queda la esperanza.

Asomé la cabeza por la puerta entreabierta y vi a Ramón sentado en un sillón, viendo la televisión. Había perdido muchísimo peso y le sobresalían las mandíbulas, por lo que me costó unos segundos reconocerlo. Me presenté, pensando que quizá no se acordara de mí, pero me indicó que se acordaba perfectamente.

Me acerqué a él y, para mi sorpresa, me sonrió y me invitó a que me sentara en una silla cercana a su butaca. Desde esta distancia observé que su piel tenía un color amarillento y la parte blanca de sus ojos era también de un amarillo intenso. Noté que se me formaba un nudo en el estómago. El informe de la enfermera sugería que el estado de Ramón era terminal, lo que en la terminología paliativa indicaba que tenía una expectativa de vida de no más de dos semanas. El color amarillo en su piel y ojos sugería que su hígado estaba muy afectado por el cáncer.

Ramón me preguntó qué tal estaba y parecía querer conversación. Hablamos un rato de sus coches, de fútbol y de otros temas banales. Le pregunté por Vero. Me dijo que no podía venir a visitarlo porque tenía que hacer unos encargos, pero que quizá vendría por la tarde. Me habló de la enfermedad, de su pérdida de peso y de cómo lo había dejado sin energía para hacer nada. Con ojos brillantes, denunció la crueldad de una enfermedad como ésta, que había acabado consumiendo su pasión por arreglar sus automóviles, que llevaban meses oxidándose en el aparcamiento.

Conversamos un poco más y sus ojos empezaron a cerrarse. Me dijo que se cansaba muy rápido, pero que le había gustado hablar conmigo. Le pregunté si quería que asomara la cabeza cada vez que me encontrara en planta y asintió con los ojos cerrados. Salí de su habitación satisfecho. Ramón parecía no querer hablar de cosas profundas. Quería conversar de cosas cotidianas, y de vez en cuando, a medida que se encontraba cómodo, se atrevía a hablar de algo más serio.

Lo volví a ver un par de veces más. Su deterioro físico fue cada vez más notable. Se le veía más débil, más cansado y más amarillento. En mis visitas le pregunté por Vero. Por lo que me contó, no había ido a visitarle más que una vez. Siempre tenía algo que hacer: la compra, esperar a que viniera el técnico de la televisión, o algo parecido. Lo decía como si fuera lo más normal del mundo, pero me dio la sensación de que había una tristeza sutil en su mirada.

Se hallaba cada vez más fatigado y la última vez que lo vi apenas pudimos intercambiar alguna palabra. Pasaba la mayor parte del tiempo durmiendo y todavía no había señales de Vero. Un día, su respiración se volvió cada vez más laboriosa y horas más tarde murió de manera apacible.

Cuando me enteré fui a la capilla y, después de encender una vela y ponerla a flote en un enorme bol azul lleno de agua, me senté en silencio pensando en Ramón, nuestras conversaciones y, sobre todo, en cómo estaría la pobre Vero.

Después de haber recordado nuestros encuentros durante un rato, acudí a la sala de enfermeras y hablé con algunas de las que habían cuidado de él en los últimos días. Compartimos anécdotas sobre él y todas coincidieron en su preocupación por Vero. Apenas había venido a visitarlo cuando era evidente que por el color de su piel y por lo que le habían dicho los médicos no le quedaba mucho tiempo de vida.

Compartiendo su preocupación, me despedí de ellas y volví a mi despacho para prepararme para la siguiente cita.

****

Sonó mi teléfono y una voz inquieta me pidió que bajara a planta. Era Andrés, uno de los médicos del centro. Me dijo que había visto a Vero esa mañana para entregarle el certificado de defunción y me transmitió su preocupación por ella. Me dijo que estaba en negación total y que quizá necesitaba intervención psicológica.

Le dije que la relación de pareja que tenían era así, que no solían compartir sentimientos ni hablar de temas profundos y que a mí también me preocupaba que no hubiera venido a visitarle. Lamentablemente, había perdido la oportunidad de pasar tiempo con su marido, sobre todo en los últimos días de su vida.

- Uno toma sus decisiones. . . - indiqué con resignación.

Consternado, me miró a los ojos y me dijo:

- Creo que necesita ayuda. Dijo que estaba en estado de shock. . .

- Normal – interrumpí. - Acaba de perder a su marido después de cincuenta y dos años de matrimonio. La negación es a veces una defensa que permite asimilar algo muy gordo en pedacitos más fáciles de digerir. . .

La cara de Andrés se tensó mientras hablaba. Se inclinó hacia delante y casi susurrando me dijo:

- Me ha preguntado cuál era la causa de muerte tan inesperada de Ramón. Cuando le he dicho que había sido el cáncer, me preguntó que de qué estaba hablando.

- Sí que parece una reacción un poco extrema. . . - confirmé.

- No solo eso - agregó Andrés. - Ha solicitado una autopsia.

Ramón y Vero eran una pareja feliz que disfrutaba de su tiempo juntos. Al no tener niños, se dedicaron a hacer las cosas que les gustaba hacer. Aunque cada uno se dedicaba a sus cosas en el espacio que compartían, se sentían juntos.

Estoy seguro de que su relación era buena y que si les preguntáramos a ellos lo confirmarían. Sin embargo, Ramón y Vero no hablaban de sus dificultades ni de sus sentimientos.

Me imagino que es así como abordaron la situación cuando descubrieron que no podían tener hijos. Quizá no hablar de ello fue la manera de no exacerbar el dolor y la decepción.

No resulta sorprendente que, a la luz de la enfermedad de Ramón, la estrategia que escogieron fuera no hablar del asunto.

Los dos fueron rotundos a la hora de afirmar que no se guardaban secretos, pero la confesión que concedieron cada uno de ellos cuando el otro no estaba indicaba que eran sabedores de que estaban ocultando algo de manera consciente.

Son muchas las parejas y familias que deciden no hablar sobre lo que ocurre por miedo a enojar o preocupar al otro. Sin embargo, mi experiencia confirma que los integrantes de la pareja o familia ya están enojados y preocupados. Hablar sobre ello permite articularlo en voz alta y favorece la exteriorización de los sentimientos atrapados.

Por las razones que fueran, tanto Vero como Ramón creían que reconocer lo que estaba pasando era más de lo que podían soportar. Por tanto, trataban de hacer como que todo estaba bien. Sin embargo, los dos sabían que aquello que trataban de negar estaba ocurriendo.

He observado a mucha gente con un mecanismo parecido y he podido confirmar que el resultado es agotador. Uno debe controlar cada conversación, cada pensamiento. Debe cambiar de canal en la televisión si hablan de algo que pudiera guardar relación con la muerte o la enfermedad. Con frecuencia uno empieza una frase y se da cuenta por la mitad que debe desviarla. Por ejemplo, en una conversación en su casa en la que Ramón me contaba sobre unas vacaciones de verano, Vero comenzó diciendo "a lo mejor el verano que viene..." y tuvo que cambiar rápidamente de tema.

La situación de Ramón y Vero, como la de muchos otros, ya era difícil en sí misma. La dificultad añadida de suprimir todo lo que tuviera que ver con su enfermedad hacía que su vida diaria fuera mucho más difícil. En algunos casos algunos pacientes acuden a mí diciendo que una dificultad parecida no les hace bien y piden ayuda.

En el caso de Ramón y Vero, mi involucración se debió únicamente al hecho de que fui a visitarlos en calidad de observador junto con Elena. De no ser éste el caso, dudo que jamás contemplaran la asistencia por parte de un psicólogo.

Un psicólogo, como cualquier otro profesional en cualquier ámbito, es una persona que posee el conocimiento técnico necesario para desempeñar una labor: ayudar al paciente a encontrar la manera de reducir la incidencia de un problema psicológico.

Además de un profesional con un conocimiento técnico especializado, el psicólogo es también una persona interesada en el aspecto humano del paciente. Aunque todos los profesionales del mundo somos seres humanos capaces de ofrecer compasión, entendimiento, validación y escucha, los profesionales de la salud tienen, en general, una mayor oportunidad de hacerlo con sus pacientes. Sin embargo, este trabajo tiende a caer sobre los hombros del psicólogo.

Ramón rechazó claramente la asistencia psicológica que le ofrecí varias veces. Aún así, pareció valorar y solicitar el contacto humano, de manera que los dos desarrollamos un aprecio mutuo.

Cuando me enteré de que había muerto me sentí agradecido por nuestros encuentros. Mi mayor preocupación, en cambio, y la de el resto de la plantilla, era por Vero. He podido observar casos de negación extrema pero jamás de tal índole. Estaba claro que Ramón tenía un cáncer que fue avanzando de manera gradual. Su pérdida de peso, lo que decían los médicos y su aspecto corporal, sobre todo en los últimos días, dejaban en evidencia que se estaba muriendo.

Todavía me pregunto qué impulsó a Vero a pedir una autopsia.

9
PERDIENDO EL JUICIO

Hacía un tiempo de perros. El cielo estaba cubierto de nubes negras que no paraban de soltar agua como si de una catarata se tratara. Los limpiaparabrisas de mi coche hacían un ruido estridente a velocidad máxima y, aunque había puesto el aire a toda potencia para desempañar la luna delantera, se me hacía difícil ver bien el camino.

Por la angosta carretera de montaña por la que ascendía bajaba una riada de agua en dirección contraria y, a pesar de ser las 10:30 de la mañana, la oscuridad causada por la tormenta parecía la del crepúsculo.

Por fin localicé la calle en la que residía Raúl, pero me pareció que todavía me iba a llevar un rato largo ubicar su casa: todas las casas de la calle tenían nombre, en vez de número.

No traía paraguas y aunque llevaba chubasquero, los escasos metros que anduve desde el aparcamiento hasta la puerta de su casa fueron suficientes para empaparme los zapatos y el bajo del pantalón.

Sentí un alivio tremendo cuando vi abrir la puerta de la casa. Una mujer mayor, con acento extranjero, me invitó a pasar y me ofreció una toalla para secarme. Fue a buscarla mientras yo me sacaba los zapatos húmedos. Enseguida volvió con un paño azul claro que olía a suavizante.

Me sequé la cara y el pelo, y me señaló con el dedo la habitación en la que se encontraba su marido, Raúl. Me dijo que pasara y que vendría en unos minutos con una manzanilla caliente para que entrara en calor.

La casa era enorme, con suelos entarimados, techos altos con vigas de madera que le daban un carácter rústico. Estaba decorada con mucho gusto y unos cuadros con colores suaves creaban una armonía perfecta con el resto de la casa.

Raúl era un hombre menudo y llevaba un pijama de rayas azules y blancas. Se encontraba reclinado en su cama, rodeado de montones de almohadas rellenas de plumas. Un pelo blanco bien peinado rodeaba una gran calva en el centro de su cabeza. Tenía ochenta y tres años.

Me lo habían derivado porque estaba deprimido, pero una simple mirada a los ojos me bastó para saber que no lo estaba. No tenía esa mirada vacía que muestran los pacientes con depresión clínica.

Nos presentamos. Hablamos un rato sobre el tiempo y la vida. Me dijo que había sido magistrado hasta que se jubiló con setenta y un años. Le encantaba su trabajo y gozaba de gran reconocimiento en su gremio. De hecho, era el autor de un libro muy popular entre gentes de leyes y ya había terminado de escribir el segundo. Solamente le quedaba revisar algunas partes e incluir las notas a pie de página.

Aunque se encontraba relativamente bien físicamente y no había ninguna razón física ni psicológica aparente para ello, no se había levantado de la cama durante más de dos semanas. Todo el mundo le decía que debía levantarse y tenía que encontrar una razón que lo motivara.

Se oyó una llamada en la puerta y su mujer, Gertrude, entró en la habitación con dos tazas de manzanilla sobre una bandeja. Me acercó una y, con cara de enojada, me dijo que no había podido evitar escuchar la última parte de nuestra conversación. Lo miró y mirándome de vuelta, dijo:

- ¡Su actitud no tiene nada que ver con su enfermedad! ¡Siempre ha sido un egoísta y ha hecho lo que le ha dado la gana sin importarle los demás! ¡El cáncer no ha cambiado nada!

Sonrojándose, se calló. Sin ni siquiera mirarlo a él, me pidió disculpas, salió por la puerta y la cerró con brusquedad.

Raúl, que no pareció inquietarse por lo sucedido, me contó que tenía dos hijas que trabajaban en el extranjero y que hablaba con ellas casi a diario. Tenían una buena relación y ellas le pedían consejo sobre diferentes asuntos. Llevaba casado sesenta y cuatro años y describía su relación como saludable. Sin embargo, Gertrude lo acusaba de haber estado ausente durante gran parte de su vida en común, ya que él había pasado sus días trabajando en la capital, saliendo de casa antes de amanecer y volviendo bien entrada la noche.

Desde que se jubiló se había dedicado a dar charlas y a escribir su libro y, tras el éxito de éste, acudía a eventos para promocionarlo y firmarlo en librerías.

Una vez hubimos encarado el tema principal de mi visita, me pidió que utilizara alguna de las estrategias propias de mi oficio para motivarlo a salir de la cama. Lo decía con semblante serio, como si estuviera dictando una sentencia. Le miré a los ojos y le pedí que me listara algunas de las razones más importantes por las que quería que lo sacara de la cama y, a pesar de encontrar alguna razón, no pudo encontrar ninguna de peso. En definitiva, pensaba que debía levantarse porque eso era lo que debía hacer una persona en su estado. Al fin y al cabo, sufría de una insuficiencia renal y los síntomas eran todavía bastante leves.

También le pedí que me hiciera una lista de las razones por las que no levantarse. Me miró con sonrisa pícara. Me dijo que estaba muy a gusto en su cama y que Gertrude lo cuidaba estupendamente. Le traía el desayuno y el periódico a la cama a primera hora, le preguntaba cómo estaba, le traía la comida y la cena y cualquier cosa que necesitara no tenía más que pedirla. Tenía una campanilla metálica que tocaba cuando quería algo.

-Vamos - me dijo con una sonrisa de satisfacción, - que vivo como un rey.

Algo que me ha quedado claro, después de haberlo comprobado en varios ámbitos de mi vida es que es imposible hacer que alguien haga algo que no quiere hacer. Incluido un niño de dos años. Se puede pedir, convencer, argumentar e incentivar, pero aún así, si la otra persona no quiere no hay nada que hacer.

Mi única baza era provocarlo un poco:

- No te preocupes, Raúl. Creo que la solución a tu problema es bastante sencilla.

- ¿De verdad? - pregunto con una alegría inesperada.

- Sí - contesté haciendo una pausa. - No te preocupes por levantarte. Quédate en la cama durante todo el tiempo que quieras.

- ¡¿Cómo?! - preguntó incrédulo. - ¡Pero no puedo seguir haciendo esto a mi familia!

-No te preocupes por ellos - le dije. - Está claro que no quieres levantarte y que no tienes ninguna razón de peso para hacerlo. En tu cama estás a gusto y te tratan bien. Gertrude te cuida bien y, a pesar de que le gustaría verte de pie, lo más importante para ella es que estés bien, que no te duela nada y que no estés sufriendo.

- ¡Pero, a Gertrude no le gusta nada que esté en la cama! - exclamó.

- Lo sé - le contesté. - Si a partir de ahora alguien te dice que deberías levantarte, diles que yo te he dado permiso para permanecer en cama.

Me miró un poco confuso, pero a medida que se iba tranquilizando me contestó que así lo haría si así lo recomendaba yo.

****

Al día siguiente, apareció por mi oficina la enfermera que solía ver a Raúl en su casa. Iba con prisa, con su maletín al hombro, y con varias carpetas bajo el brazo correspondientes a los pacientes que iba a visitar esa tarde, mientras se llevaba una manzana a la boca con la otra mano.

Se acercó apresuradamente y con una gran sonrisa me preguntó:

-¿Cómo lo has conseguido?

No sabía qué contestarle, pues no sabía a qué se refería.

-¿Qué le dijiste? - volvió a sonreír. - Gertrude me ha llamado hace poco y me ha dicho que Raúl se ha levantado de la cama esta mañana, se ha duchado y se ha vestido. Ha comido en el comedor con ella y está que no se lo cree.

-¡No puede ser! - le contesté. - No le dije nada en especial. Se veía claramente que no quería levantarse y le dije que se quedara en la cama.

- ¡No te creo nada! - me dijo mi compañera, ya me contarás el secreto algún día, me dijo mientras se marchaba corriendo.

- ¡De verdad! ¡Solo le provoqué un poco! - le grité mientras se iba.

- Me han pedido que les llames - dijo dándose la vuelta al llegar a la altura de la puerta de mi despacho. - ¡Quieren que vayas a verles otra vez!

******

Gertrude abrió la puerta con una sonrisa de oreja a oreja. Me dio la bienvenida y me invitó a pasar. Me agradeció varias veces el milagro y me dijo lo maravilloso que había sido tener a Raúl comiendo con ella en el comedor, como lo hacían antes. Pero desafortunadamente, al día siguiente se había vuelto a meter en la cama y no había vuelto a salir de su cuarto. De esto hacía ya casi una semana.

Fui a verlo a su cuarto y lo encontré en la misma postura que la última vez, con el mismo pijama a rayas. Había perdido peso y sus huesos eran todavía más visibles a través de la piel.

Cuando le pregunté qué había pasado, me dijo que no pudo resistir la oportunidad de llevarme la contraria, y me sonrió como lo hace un niño cuando lo pillan haciendo una travesura. Había visto que podía levantarse si quería y era consciente de lo feliz que haría a su mujer si decidiese salir de la cama. Pero la verdad es que simplemente no quería.

Pasamos un rato hablando de varias cosas y me aseguré de que la apatía de Raúl no se debía a una depresión, a algún miedo que trataba de suprimir o algo así. Él estaba tranquilo: había vivido su vida como había querido, había alcanzado una buena edad y, simplemente, estaba muy cómodo en su cama.

Antes de marcharme, le dije lo que suelo decir a todos mis pacientes: No hay opciones buenas ni malas, correctas o incorrectas; solo hay opciones. Y todas las opciones acarrean consecuencias. La cuestión reside en las consecuencias que uno desee afrontar, y en función de eso, uno decide.

Levantarse tendría consecuencias para él, para Gertrude y para los demás. Quedarse en cama, tendría otras.

Me despedí de Raúl y al salir de su cuarto, vi que Gertrude me esperaba sentada en una silla en el pasillo. Vino a buscarme con inquietud y quiso saber cómo estaba. Le dije que bien, y que, aunque fuera consciente de las consecuencias para ella, si él decidía quedarse en su cama durante todo el día yo no podía hacer gran cosa para evitarlo. Ella asintió con tristeza, pero pienso que quizá no me creyó del todo y que aún mantenía la esperanza de que fuera a levantarse para comer con ella algún día.

*****

No volví a ver a Raúl nunca más. Sé que siguió en cama durante semanas y que no volvió a comer con Gertrude. La enfermera que lo visitaba me dijo que su estado se fue deteriorando con rapidez y que la insuficiencia renal había entrado en su fase final.

Tuvo que empezar a acudir a un hospital de la capital para someterse a diálisis tres veces por semana. El hospital estaba a una hora y una ambulancia privada venía a buscarlo para transportarlo hasta allá.

Fueron unos meses duros y el desgaste físico y psicológico que la situación suponía para un hombre de edad avanzada como Raúl se hizo notar. La relación entre él y Gertrude dejó de ser prioritaria, e incluso una fuente de frustración para ella, ya que en situaciones de supervivencia solemos olvidarnos de muchas de las cosas que nos inquietan cuando nos sentimos a salvo.

Una mañana de invierno la enfermera vino a verme a mi oficina y me dijo que había recibido una llamada de Gertrude, quien le comunicó que Raúl había muerto el día anterior. Estaba fatigado y la rutina impuesta por el tratamiento había determinado la calidad de vida de Raúl en los últimos meses. Sus días en la comodidad de su cama y en el confort de su hogar quedaban atrás.

Le agradeció todo el apoyo que le había ofrecido durante los últimos meses y le dijo que no sabía cómo habría sido su vida si no hubiera sido por la intervención de nuestro equipo. También me dijo que Gertrude quiso transmitirme su agradecimiento ya que, incluso cuando se sentía frustrada porque Raúl había seguido siendo tan egoísta como siempre, el recuerdo que le quedaría para el resto de su vida fue el del día que Raúl se puso un pantalón y una camisa y fue al comedor a comer con ella.

Como sugería Gertrude, Raúl no cambió lo más mínimo a consecuencia de su enfermedad. Seguía siendo la misma persona que pensaba en él sin preocuparse por los demás. Él estaba de acuerdo con el resto de la gente a su alrededor y pensaba que debía hacer un esfuerzo por los demás.

Mi trabajo con Raúl fue muy concreto. Me llamaron para que lo sacara de la cama y para que pudiera reanudar su vida en función de sus capacidades. Podía andar, escribir su libro y hacer muchas otras cosas y era lo que todos esperaban de él.

Como mencionaba anteriormente, es imposible hacer que alguien haga algo que no quiere. Se puede incentivar o influir, pero nada garantiza su éxito. Raúl no quería levantarse.

Raúl estaba dividido y tenía razones para levantarse de la cama y razones para no hacerlo. Mi invitación a que se quedara en la cama era mi última baza, y quizá pueda explicarse a través de la siguiente ilustración.

Cuando una persona está parada de pie en un lugar, su cuerpo está en equilibrio y podríamos decir que su peso está estancado en ese momento, hasta que decida moverse. Cuando se empuja a esa persona para atrás, instintivamente ofrece una resistencia empujando para delante y mantener así el equilibrio. Por el contrario, si a esta persona se le tira hacia delante, lo normal es que se incline para atrás.

De la misma manera, tratar de hacer que Raúl se levantara lo pondría en contacto con su resistencia a hacerlo. En cambio, invitarlo a quedarse reforzó sus razones por las que sentía que debía levantarse y así lo hizo.

Las fuerzas opuestas tienden a equilibrarse y a Raúl solo le duró un día. Un cambio duradero exige una exploración exhaustiva de las fuerzas que operan de manera inconsciente en la persona y esta no era la razón por la que Raúl accedió a verme.

Lamentablemente, son muchos los casos en cuidados paliativos en los que a los psicólogos se nos exige solucionar algo que no se puede solucionar. Gran parte del problema es que no hay tiempo para hacerlo.

Aún así, y a pesar de que fuera breve, la experiencia de que se levantara, se duchara y se vistiera para bajar a comer con Gertrude fue un gran regalo para ella. Raúl nunca llegó a saber el efecto que este acto surtió pero para ella se convirtió en un recuerdo del que alimentarse durante mucho tiempo. Especialmente en los momentos en los que los sentimientos más difíciles salieran a flote durante su largo proceso de duelo.

10

UN ACCIDENTE BIEN PLANEADO

¡Echo de menos mi país! ¡El calor, la gente, todo! - decía, mientras me clavaba sus ojos negros, penetrantes, cubiertos de una fina película de humedad. - ¡Y mira! ¡Aquí estoy, clavada a una silla de ruedas y en este país de mierda!

El acento chileno de Selina, junto con la dulzura de una voz suave y tenue, me impedía recibir por completo el impacto de su ira.

Estaba muy resentida. Se había pasado los últimos veinte años viajando entre España y Chile. El hecho de que su abuelo fuera español le había permitido adquirir la doble nacionalidad y así poder viajar sin problemas. En España, los sueldos eran muy superiores y pasar unos meses aquí cuidando de ancianos le permitía ganar suficiente dinero para volver a Chile y estar más de medio año sin trabajar, sin dificultades económicas. El único precio era dejar a su familia sola durante meses. Su marido, Antonio, se encargaba de los niños y podía compaginar su cuidado con las pocas horas que trabajaba por aquí y por allá.

El gran batacazo llegó cuando, una vez sus dos hijos hubieron superado la mayoría de edad, Antonio le envió un mensaje mientras Selina estaba en España, diciéndole que su relación se había terminado. Confesó que había estado viendo a otra mujer en secreto durante años pero que ahora que los niños eran mayores, había decidido irse a vivir con ella.

Selina procesó su pérdida mientras trabajaba en España y cuando volvió a su país la siguiente vez, quedó con Antonio para hablar de la situación. Antonio se plantó con su novia y, por lo que contaba Selina, tuvieron un buen encuentro, agradable, sin rencores y adulto.

Yo no daba crédito a lo que estaba oyendo. Entiendo que hacía ya unos cuantos años de este acontecimiento, pero mi reacción hacia Antonio era de furia y me sorprendía muchísimo que Selina me lo contara con cara y tono de voz impasible, describiendo su encuentro como agradable.

De hecho, siguió poniéndome al día y por lo que me decía, todavía tenía una gran relación tanto con Antonio como con su novia. Eran todos muy amigos.

Vi cómo en la película de mi cabeza me levantaba, la agarraba de los hombros y la sacudía con fuerza, gritándole: ¡Pero tú te estás oyendo! ¡Este tío te ha estado engañando durante años mientras sacrificabas tu vida familiar para mantener a tu familia!

Manteniendo la compostura y tratando de ocultar mis sentimientos, le pregunté si alguna vez se había sentido enfadada con él y me contestó que no. Antonio nunca le permitía enfadarse y aprendió a tragarse su ira.

Por si fuera poco, al año y medio de que se fuera Antonio, a Selina le diagnosticaron una enfermedad neurodegenerativa que la condenaba a perder movilidad de manera gradual hasta quedarse completamente prisionera en un cuerpo inmóvil.

Cuando la vi la semana siguiente me dijo que nuestro primer encuentro había sido útil. Que desde entonces había estado sintiendo un enfado tremendo con Antonio y con esa otra mujer que se había aprovechado de sus circunstancias. Su ira le había dado un mayor sentimiento de fortaleza, pero, a su vez, había incrementado sus pensamientos sobre el suicidio.

Hablamos de la situación, ya que cuando en nuestra primera sesión traté de comprobar si había intentado suicidarse alguna vez en el pasado me confirmó que no. Volví a abordar el tema. Bajó la mirada al suelo y con una sonrisa traviesa confesó que me había mentido. Había intentado suicidarse dos veces cuando Antonio la dejó.

Estaba claro que Selina había visto a muchos psicólogos antes y que sabía cómo jugar a este juego para salirse con la suya. Sentí la necesidad de andar con pies de plomo y permanecer alerta en todo momento.

Una vez concluida la sesión me aseguré de contactar con su médico de cabecera, que para mi alivio confirmó que Selina tenía asignada una enfermera psiquiátrica que le hacía un seguimiento activo cada mes. También señaló que eran conscientes del historial de Selina, incluidos sus intentos de suicidio. La conversación me permitió ver que ya se habían tomado todas las medidas de seguridad necesarias y pude relajarme.

Las siguientes sesiones se desarrollaron con tranquilidad, sin ningún imprevisto en lo que respecta a su enfermedad. Según Selina comenzaba a confiar un poco más en mí, y empezó a abrirse y a contarme más sobre su vida.

Había sufrido problemas psicológicos desde una edad temprana. Su única hermana, Esther, que era cinco años mayor que ella, le hizo la vida imposible de pequeña. Sus padres se iban a trabajar cuando Selina tenía cinco y Esther diez, dejándolas solas en casa desde que llegaban de la escuela. Supuestamente, Esther era la hija perfecta, la hermana responsable que la cuidaba, la traía de la escuela y la defendía cuando se encontraba en problemas. Sin embargo, cuando sus padres no estaban se transformaba en un monstruo.

La encerraba en el baño, cerraba el pestillo y la dejaba ahí durante horas. Otras veces, le hacía llenar la bañera y meterse dentro y cuando había suficiente agua, la agarraba de la cabeza y la metía debajo hasta que Selina entraba en pánico.

Tuvo una infancia terrible, llena de miedo y ansiedad. Esther lo tenía todo pensado y se aseguró de que Selina no dijera nada a sus padres.

Desde pequeña le había estado diciendo que realmente no era parte de la familia. Que unos gitanos la habían abandonado antes de que sus padres la adoptaran y la criaran como si fuera suya. Sin embargo, amenazaba Esther, si Selina abría la boca para contar lo que pasaba, no sólo sus padres iban a pensar que se lo estaba inventando, sino que se hartarían de ella y la mandarían de vuelta con los gitanos.

Selina creció aterrada y la furia que no pudo sacar con su hermana la internalizó contra ella misma. Comenzó a odiarse y a odiar todo sobre sí misma. Comenzó a utilizar una navaja que tenía para hacerse cortes en los brazos y aprendió a llevarlos con disimulo. La autolesión le ayudaba a sentirse mejor. Le dolía, pero encontraba una satisfacción casi sádica e inexplicable en lo que hacía.

Para cuando llegó a la edad adulta, el daño causado durante tanto tiempo se había asentado en su ser, casi imperceptible. Estaba convencida de que no pertenecía a la familia, aunque pasados los años comprendiera por fin que la historia de los gitanos era falsa. Pero se sentía una foránea. Vivió su vida conformándose con lo que había, sin sacar nunca su ira.

Siguieron pasando las semanas y Selina oscilaba entre un enfado tremendo con Antonio y a la vez, deseando en secreto que volviera a acogerla. Por otro lado, sabía que nunca lo haría y menos ahora que estaba enferma. Por último, Selina tenía una buena atención y un montón de prestaciones en España a las que no tendría acceso en su país, donde tendría que financiar su cuidado por privado y no disponía de los recursos para ello. Estaba atrapada.

Su estado de ánimo era muy inestable. Pasaba de momentos álgidos a periodos depresivos y cada vez que afloraban en ella sentimientos de cierta intensidad, aumentaban sus pensamientos suicidas.

Me fue dando la sensación, gradualmente, de que estaba planeando algo y un día la confronté:

- Selina, me viene dando la sensación desde hace unas semanas que estás tramando algo. Hablas del futuro de manera diferente, como si tu vida estuviera llegando a su fin de manera vertiginosa - compartí con ella. Se hizo un silencio incómodo.

- Bueno, está claro que podría morir en cualquier momento ¿no? - dijo, con signos obvios de tensión en su rostro.

- Sí, claro - le contesté. - Sin embargo, hay un tono como resoluto en tu voz y, teniendo en cuenta que has estado hablando de sentimientos intensos en las últimas semanas y de un incremento de pensamientos sobre el suicidio, no puedo evitar pensar que quizá hayas estado planeando algo o tomando algunas decisiones...

El silencio se volvió incluso más tenso que antes. Mirando al suelo y con el pelo que le cubría la mayor parte de la cara, comenzó a estremecerse y se llevó las manos a la cabeza. Su respiración se hizo cada vez más entrecortada y culminó en un grito completamente inesperado que me hizo saltar de mi asiento.

- ¡Estoy harta! - gritó sonrojada. Se le inundaron los ojos de lágrimas, que fluían sin pausa llevándose por delante el rímel que rodeaba sus pestañas, fusionándose en un río negro que marcaba su paso al descender por las mejillas. - ¡No lo soporto más! ¡Estoy atrapada en esta silla, en este país, sin poder ver a mi familia! ¡Y ese desgraciado anda por ahí, pasándolo en grande con esa arpía!

Descansó la cara sobre su mano izquierda, soportada por su brazo anclado en el apoyabrazos de la silla de ruedas. Lloró durante un largo rato, dejando escapar algún gemido ocasional. Su largo pelo negro le cubría la mayor parte del rostro.

El silencio en la sala fue calmando sus gemidos hasta desaparecer gradualmente. Tras mirar al suelo durante un rato, se apartó el pelo de la cara y levantó tímidamente una mirada alicaída.

- ¿Sabes lo que pienso muchas veces cuando estoy sola en casa? - comenzó a decir como si ya no pudiera contenerlo más. - Que si hubiera una manera en la que pudiera suicidarme con la seguridad de que pareciera un accidente y mis hijos no lo supieran...

Paró de hablar de repente, como si se hubiera arrepentido de lo que había dicho. Selina era consciente de que parte de mi labor como profesional consistía en impedir un suicidio prevenible, como habíamos acordado en mi primera cita cuando hablamos de la postura de mi institución en relación a este asunto.

- Creo que lo que estás pensando es imposible - le dije, desmoronando su fantasía. - No puedes provocar tu muerte y además estar presente tras ella para comprobar si llegaron a descubrirte o no.

Vi como la decepción dominaba su mirada.

- Es un acto de fe. Si te suicidas tratando de ocultarlo corres un riesgo. No puedes saber nunca cómo afectará a otros ni cómo reaccionarán - concluí.

-Tienes razón - dijo decepcionada. Bajó la mirada al suelo otra vez y la tensión se hizo cada vez más notoria en su cara. De repente, cerró su mano derecha y dio un fuerte puñetazo sobre el apoyabrazos de su silla. - ¡No es justo! - gritó. Noté un brote repentino de adrenalina por todo mi cuerpo.

Pasamos un rato en silencio y le informé de que quedaban apenas unos minutos para finalizar nuestra cita y que en muy poco tiempo tenía que regresar al Centro de Día, a escasos metros de mi consulta, donde pasaría el resto del día.

Se tomó el tiempo para hacer unas respiraciones profundas y recomponerse del impacto de sus sentimientos. Sacó un espejito de su bolso de piel negro y observó cómo se le había corrido todo el rímel por la cara. Se limpió con una toallita para bebés y volvió a aplicarse el maquillaje. Cuando hubo terminado me ofreció una sonrisa forzada y con los ojos todavía medio húmedos me dijo que estaba lista y me pidió que la empujara hasta su destino.

No la vi durante las dos semanas siguientes. Me comentaron las enfermeras del Centro de Día que había tenido una infección en el pecho y que estaba en casa recuperándose.

Pasadas unas semanas, cuando supe que estaba de vuelta en el Centro de Día, fui a buscarla, como de costumbre. Venía los miércoles, el día reservado para gente joven. El bullicio era audible desde la zona de recepción y la cafetería, cosa que sorprendía a la mayoría de los visitantes.

La gran mayoría de pacientes y visitantes tienen la idea de que un centro de cuidados paliativos es un sitio silencioso, lúgubre y deprimente en el que la gente muere cada cinco minutos. Sin embargo, cuando observan de primera mano la vitalidad y la energía palpables a primera vista, muchos se quedan asombrados.

Cuando llegué a la sala eché un vistazo panorámico para ver si encontraba a Selina. A mi derecha pude ver cómo una larga mesa cubierta con un hule de plástico, lleno de pintura tanto seca como reciente, acogía a un puñado de pacientes que estaban coloreando unos mandalas. Un hombre de unos ochenta años pintaba mientras se quejaba de las últimas decisiones del gobierno. Una mujer a su lado mostraba su desacuerdo. A unos metros, una señora prácticamente inmóvil en su silla de ruedas eléctrica sorbía agua de una pajita que sobresalía de un vaso de plástico sujetado amablemente por una enfermera que irradiaba una paciencia inagotable.

En el rincón más lejano de la sala un grupo de pacientes improvisaba música con la músicoterapeuta del centro, quien abastecía a los asistentes de instrumentos de percusión de lo más inusuales. El ruido que generaba esta actividad obligaba a muchos a levantar la voz, a la vez que suscitaba las quejas de aquellos que querían descansar.

Un tercer grupo, de una decena de personas, practicaba ejercicios para aumentar la movilidad de las piernas con la fisioterapeuta.

Mis ojos saltaban de una escena a otra esperando identificar a Selina en algún lugar, pero, para mi sorpresa, no había indicio de ella. Permanecí de pie en la entrada durante unos segundos y vi cómo una de las enfermeras, que mantenía una conversación privada con una anciana, levantó la cabeza y me hizo una señal de que esperara. Pasados un par de minutos se me acercó y me preguntó si venía a ver a Selina. Cuando se lo confirmé, me indicó que Selina estaba en el baño, pero que parecía estar muy deprimida. Había estado llorando desde que había llegado y las dos semanas en casa, enferma y sin ver a nadie, habían acentuado su malestar emocional.

Esperé pacientemente, mirando por la ventana el precioso jardín que rodeaba el centro, al que podía accederse desde el Centro de Día. De una fuente en el jardín manaba agua que, tras descender por un vórtex y formar un arroyuelo, desembocaba en una pequeña cascada, rodeada de árboles y arbustos que cuidaban cariñosamente un grupo de voluntarios.

Cuando giré la cabeza para ver si Selina había terminado la vi dar unos pasos, con gran dificultad y apoyada en un taka-taka, hasta llegar a su silla de ruedas. Me acerqué y ayudé a la enfermera a colocarle los pies sobre los apoyaderos de la silla, levanté el freno y la empujé suavemente hasta mi consulta.

Tenía el cabello descuidado y unas ojeras un poco amoratadas. Me miró resignada, lanzó un gran suspiro y se echó a llorar.

Compartió conmigo lo desgraciada que se sentía en su soledad y en su "destierro". Pensaba en su ex-marido, quien tenía todo lo que quería, y en lo bien que se lo estaría pasando buceando con su novia. Se sentía desdichada porque apenas tenía relación con su hijo mayor y su hijo menor estaba destinado temporalmente en Holanda, pero nunca tenía tiempo para venir a visitarla.

Me contó los pensamientos tan oscuros que había tenido durante sus dos últimas semanas. Sin embargo, se le había ocurrido una idea que le había dado un poco de paz.

- Tengo un seguro de vida contratado - empezó a contarme - que me cubre en caso de muerte accidental. Me he roto la cabeza pensando sobre esto y, estate tranquilo -añadió haciendo un gesto con las manos, como para apaciguarme - que no tengo intención de llevarlo adelante de momento, pero tengo un plan casi elaborado. Solo me falta averiguar si es 100% infalible pero, si es el caso, podría suicidarme de manera que parezca accidental y mis hijos podrían cobrar todas las prestaciones de la póliza.

- He decidido contártelo - dijo con una sonrisa picarona - porque ahora que has estado en contacto con mi médico y que tengo una enfermera psiquiátrica asignada, has cubierto todos los frentes en cuanto respecta a mi suicidio, por lo que no interfiere en nuestra relación para nada, ¿no?

Tardé unos instantes en procesar mi reacción a lo que acababa de oír. El corazón me latía con fuerza y noté que me sudaban las palmas de las manos. La cabeza me daba vueltas, tratando de encontrar algo a lo que agarrarse.

Empecé a sentirme enfadado, como si fuera injusto que alguien me diera una bomba a punto de estallar. ¿Por qué tenía que encontrarme con una situación así? ¿Qué debía hacer con lo que me había contado? Traté de pensar rápido, sin demasiado éxito. Finalmente, decidí contarle lo poco considerado que me sentía por ella.

- ¿Cómo crees que me afecta esto que me estás contando? - le pregunté directamente.

- Pues no lo sé - me contestó. Mi vida, y por tanto mi muerte, no parece importarle a nadie y sabiendo que ya has cubierto todos los frentes en el aspecto profesional, me imagino que te dará igual - contestó de manera fría y distante.

Me invadió un sentimiento de ira y de injusticia, como si Selina no sólo hubiera decidido quitarse la vida, sino como si además hubiera decidido el impacto que fuera o no a tener para el resto de las personas. Me sentí controlado, como si no me permitiera sentir lo que estaba sintiendo. En ese momento me vino un pensamiento a la cabeza, como si alguien lo hubiera plantado allá.

-Y si algún día me entero que te has suicidado de manera que parezca accidental y tu familia cobra las prestaciones, ¿debo decir algo o esperas que viva el resto de mi vida con el conocimiento de que soy cómplice de fraude a tu compañía de seguros? - le dije con tono desafiante, notando a la vez que me iba calmando.

La furia se apoderó rápidamente de su rostro tiñéndolo de rojo. Golpeó el apoyabrazos de su silla varias veces y apretando los dientes comenzó a gritar. -¡Sabía que no tenía que habértelo dicho! ¡Siempre hablo demasiado! ¡Cuándo voy a aprender a permanecer callada!

Le comuniqué que no tenía ninguna objeción personal hacia el hecho de que quisiera quitarse la vida y que si esto era lo que ella decidía, yo aceptaba su decisión. A su vez, le dije que lo que no aceptaba era el hecho de que se suicidara convencida de que no tendría consecuencias para los demás. Un suicidio siempre tiene consecuencias.

Se calmó un poco y sin mirarme durante el resto de la sesión, llegó la hora de concluir nuestra cita. La llevé al Centro de Día, a la misma sala donde la gente reía, improvisaba música y pintaba con energía. Selina forzó una sonrisa y se despidió de mí.

Durante las semanas siguientes recibí mensajes semanales de las enfermeras indicándome que Selina no iba a poder asistir a nuestra cita. Un día se sentía mal. Otro, le dolía la cabeza. Otro, estaba constipada y, otro, estaba demasiado cansada.

Pasó el tiempo y fue quedando claro que estaba tratando de evitarme. Comprendía perfectamente que no quisiera verme y sentí una mezcla de pena y compasión por ella. Finalmente, debido a que tenía una plaza que no podía adjudicar a otro paciente que la necesitara antes de acordarlo con Selina, decidí llamarla por teléfono.

Marqué su número y tras contestar, le dije que era yo. Se creó un silencio incómodo y traté de tener una conversación liviana. Le pregunté que tal estaba y me dijo que estaba muy bien. Me confirmó que las cosas le habían ido bastante bien en las últimas semanas y que se sentía mucho mejor, por lo que podía prescindir de mis servicios. Pese a que su tono forzado indicaba que estaba fingiendo, acepté su interpretación de los hechos y decidimos terminar formalmente nuestro trabajo, de manera que su plaza quedaba disponible para otra persona que la necesitara.

Más de medio año más tarde, supe que la habían ingresado en nuestro centro. Bajé a la planta y toqué la puerta de su habitación para saludarla. Una voz masculina me indicó que pasara y al abrir la puerta vi a Selina en la cama, con una mascarilla de oxígeno y ojos entreabiertos, con un chico joven a su lado que le tendía la mano. Me dijo que era su hijo menor, que había venido a verla desde Holanda.

Hacía un calor insoportable y las cortinas cerradas no permitían que entrara la luz natural. Una lámpara de sal emitía una luz tenue que relegaba la mayoría de los objetos que iluminaba a meras siluetas.

Me acerqué y Selina me recompensó con una leve sonrisa. Le dije que venía a saludar y a ver qué tal estaba y asintiendo con la cabeza me dio a entender que estaba bien. Parecía agotada. Le pregunté si quería que me acercara de vez en cuando a ver qué tal estaba y asintió.

Intercambié unas palabras con su hijo y me puso al día de lo que había estado pasando. Los pulmones de Selina estaban ya muy afectados por la enfermedad y parecía que el tiempo se le estaba agotando.

Nunca volví a tener la oportunidad de ver a Selina de manera ininterrumpida como durante nuestras sesiones formales, pero el contacto esporádico que tuve con ella de manera discontinua fue suficiente para enterarme de cómo le había ido. Me lo contaba a ratos, con una voz apenas audible.

Tras haberse enfadado muchísimo conmigo después de nuestra última sesión y sintiéndose una vez más completamente atrapada, Selina se dio cuenta de que tenía dos opciones. Podía sentirse como una víctima y añorar su muerte o podía tomar las riendas de la situación, por lo menos en lo que podía.

Escribió una carta a su hermana contándole lo condicionada que estaba todavía por cómo la había tratado. Le dijo que quizá no podría perdonarla nunca pero a su vez, quería que supiera que no era hija de gitanos y que había decidido borrarla de su memoria. Le deseaba lo mejor y que la carga de haber amargado la vida de su hermana pequeña, quien estaba ahora a punto de morir, no le pesara demasiado.

Escribió otra carta a la novia de Antonio y le contó algunas cosas sobre él que estaba segura de que él no le había contado. Le dijo que no estaba enfadada con ella por "habérselo robado" sino que sentía más pena que otra cosa porque tarde o temprano pensaba que Antonio le haría lo mismo que le había hecho a ella.

Trató de hacer las paces con su hijo mayor, pero éste nunca mostró interés.

También había decidido contactar con su hijo menor y aunque no esperaba que fuera posible, le dijo que quería pasar más tiempo con él. Para su sorpresa, empezó a venir a verla con más frecuencia y se convirtió en la esperanza e ilusión que daba sentido a su vida.

Pasaron tiempo juntos, paseando por la calle cuando podían y cuando se hizo imposible, en casa. Veían películas, jugaban a cartas y hablaban de la vida. Tuvieron muchas conversaciones importantes sobre cómo había vivido él que ella se fuera al extranjero a trabajar durante tanto tiempo y ella pudo escuchar desde el corazón el dolor involuntario que le había causado.

A pesar del dolor que le producía saberlo, Selina no cabía en su cuerpo del gozo que le suponía tener un contacto íntimo con su hijo. Era un regalo del cielo.

Selina pasó cada vez más tiempo durmiendo hasta el punto de que sus ratos de consciencia se redujeron al mínimo. La última vez que la vi

145

con vida me dijo que no quería morir y me pidió perdón por haberse enfadado conmigo. Le dije que no pasaba nada y que me alegraba de que hubiera decidido tomar las riendas de su vida y de que la hubiera transformado en algo esperanzador.

Por lo que me contaron las enfermeras que cuidaron de ella durante sus últimos momentos, Selina tuvo una muerte difícil pero relativamente tranquila y sin dolor. La respiración se le hacía cada vez más laboriosa y la falta de oxígeno le generaba un estado de pánico.

A medida que las cosas se ponían más difíciles, vino a visitarla uno de los médicos. Su hijo permaneció con ella en todo momento a su lado, agarrando su mano. La habitación permanecía oscura, sin luz natural e iluminada solamente por su lámpara de sal. El silencio que reinaba en su habitación se veía ahora interrumpido por la máquina que la proveía de oxígeno a través de una mascarilla que llevaba puesta la mayoría del tiempo.

Selina comentó al doctor que se sentía como si se estuviera ahogando, lo incómodo que era esto y el miedo que le daba. El médico le confirmó que eso era precisamente lo que estaba ocurriendo. Sus pulmones se estaban llenando gradualmente de líquido y tarde o temprano iba a ahogarse. Selina lo miró con incredulidad, sabiendo a su vez que todo lo que decía el médico era verdad. Le costaba descifrar la expresión en la cara de este, quien por un lado parecía acorazado y acostumbrado a éste tipo de conversaciones y por otro, la incomodidad y la compasión se insinuaban en su mirada.

Selina miró a su hijo y pudo ver el miedo en su cara. Éste empezó a llorar pero Selina cortó su sentimiento bruscamente. Sabía que el llanto le iba a entrecortar la respiración y pronto entraría en estado de pánico. Estoicamente, miró al doctor y le preguntó cómo pensaba abordar la situación. Apoyando su mano sobre la de ella y sentándose a un lado de la cama le dijo que tenía dos opciones: por un lado, elegir estar consciente y enfrentarse al trauma de una muerte incómoda, o por otro lado, elegir un sedante que le procuraría comodidad. El precio de la última opción era que no estaría consciente a partir de que tomara el cóctel medicinal.

Sin embargo, le dijo que todavía había algo de tiempo para tomar la decisión y que solamente procederían una vez que la situación se volviera insostenible y Selina lo pidiera. De todas formas, el tiempo que le quedaba era limitado y él les sugería que empezaran a poner las cosas en orden.

Más de una semana más tarde, Selina pidió el cóctel y entró en un sueño apacible que duró unos pocos días. Su hijo permaneció en la habitación, triste, resignado y conmovido, agarrándola siempre de la mano hasta que lanzó su último suspiro.

Hablé con él cuando vino a recoger el certificado de defunción y hablamos durante un rato. Además de triste, parecía un tanto eufórico. La última semana había sido maravillosa. Hablaron de algunas cosas que quedaban pendientes. Se rieron alguna vez, pero siempre con cuidado de que a Selina no se le entrecortara la respiración. Parecía como si la experiencia tan positiva de una muerte plena le hubiera proporcionado una inyección de energía.

Supuse por nuestra breve conversación que nunca supo sobre los pensamientos suicidas de su madre ni sobre el accidente que había planeado durante sus momentos de desdicha profunda.

El caso de Selina es uno de los que me caló de manera más profunda. Por un lado, siempre sentí una compasión profunda por ella y su desdicha. La sensación de "destierro" era central en su día a día y a veces sentía en mi propia carne la desazón que podía estar sintiendo ella.

Por otro lado, el caso de Selina ilustra perfectamente cómo la historia personal de alguien se manifiesta siempre en el momento de su muerte. Es decir, que la sensación de "destierro" y "no pertenencia" habían imperado siempre en su vida desde que se creyó la historia que le había contado su hermana sobre el hecho de que provenía de una familia de gitanos.

De la misma manera que alguien que lleva gafas con lentes amarillas ve todo de color amarillo, la persona que ve el mundo desde el sentimiento de "no pertenencia" acaba viendo, confirmando y creando situaciones de no pertenencia. Podría decirse que la repetición de situaciones similares no es más que un intento del organismo de solucionar la situación de una vez por todas. Sin embargo, mientras no sea el caso la situación se sigue repitiendo.

Una de las cosas que más me sorprendió de Selina es que tras haber deseado su muerte tantas veces y haberla planeado meticulosamente, llegó al momento de su muerte natural con el deseo de que no se produjera. Su historia habitual, su guion vital, indicaba que la vida no merecía la pena y acelerar su muerte era la manera de salir de ella. Sin embargo, al tomar las riendas de su vida acabó produciéndose un cambio radical. Ya no era solamente una víctima si no la actriz principal y la directora de su propia película.

Dio el paso de decidir cómo iban a ser sus relaciones con los de alrededor y por primera vez fue ella quien las definió. Este paso provocó un cambio, sobre todo con su hijo menor, y Selina encontró un nuevo propósito en su vida.

Para mí fue difícil encontrarme en las situaciones en las que me puso sin darse cuenta. Hay veces en las que si uno no denuncia un hecho se convierte en cómplice, y eso era exactamente lo que Selina me estaba pidiendo en lo que respecta a su fraude a la compañía aseguradora. Mi firmeza no le sentó nada bien, pero fue también parte de su decisión de tomar las riendas de su vida. El apoyo no es siempre identificable y no consiste en que uno reciba de otro lo que quiere, sino lo que necesita. La diferencia entre ambas cosas es muchas veces muy dolorosa.

Por fin parece que Selina consiguió transformar una de sus relaciones en una relación íntima, cercana y llena de amor. Es una pena que su otro hijo no quisiera ser parte de esta transformación, pero obviamente tendría sus razones.

Al no poder hablar con ella como me hubiera gustado en la fase final de su vida, nunca tuve demasiada información sobre cómo veía las cosas. Sin embargo, quiero pensar que por una vez en su vida no se sintió desterrada, desdichada o engañada. Quiero pensar que con su hijo consiguió sentir que ambos pertenecían a una relación importante.

11
UN AÑO DE DIECISÉIS MESES

Finalmente se hizo un silencio y los ojos de Salva se humedecieron, a pesar de su esfuerzo por contener la emoción. Apenas quedaba nada del hombre dicharachero, chistoso y hablador que había sido durante toda su vida. En su lugar tenía frente a mí a un hombre escuálido, cabizbajo y abatido. No lograba darle la vuelta a lo sucedido.

Tenía unos sesenta años y por fin la vida le estaba yendo bastante bien. Su largo matrimonio había sido un calvario para él. Se había sentido machacado, minado y humillado por su ex, una mujer impredecible de carácter volcánico que estallaba en cualquier momento, echándole en cara que todo lo hacía mal. O por lo menos, así era como él lo había vivido.

Fue un divorcio amargo. Él intentó terminar la relación de manera cordial, pero en ella afloró el odio y quiso hacerle la vida imposible. Incluso sabiendo que no era necesario, Salva decidió ceder en muchos aspectos y sacrificó su propio interés personal para que reinara la paz entre ellos. Al fin y al cabo, tenían una hija que se merecía algo mejor que presenciar una batalla campal entre sus padres.

Habían pasado diez años desde que firmaron el divorcio y solamente mantuvieron un contacto cordial por asuntos relacionados con su hija Elsa. Su relación con Elsa, en cambio, seguía siendo buena.

Hacía mucho tiempo que no la veía en persona, desde que se fue a estudiar a Alemania. Pero un día imprevisto, encontró un correo electrónico en su bandeja de entrada que lo dejó perplejo.

Elsa había estado investigando y había descubierto que su madre había tenido varias relaciones extramaritales durante su matrimonio. Relacionó acontecimientos y cuando sus sospechas parecieron confirmarse, terminó confrontando a su madre. Ésta trató de evadirse, pero al final reconoció que no estaba segura de que Salva fuera su padre ya que, por aquella época, había estado viéndose con tres hombres diferentes.

Salva se quedó como si le hubieran echado un jarro de agua fría encima. Pasaba las noches en vela y perdió el apetito casi hasta desaparecer. Perdió peso, quedándose en los huesos. Y eso que siempre había sido de constitución delgada.

Compartía sus preocupaciones con Cristina, su pareja desde hacía cinco años. Ella también estaba divorciada pero nunca había tenido hijos. Vivían en casas distintas y llevaban algún tiempo contemplando vivir juntos, pero todavía no estaban del todo seguros. Se querían mucho y Salva se sentía querido, apoyado y escuchado por primera vez en su vida. Sin ella, este último golpe que le había dado la vida hubiera sido insoportable.

Trató de hacer las paces con su nueva situación, pero sus noches seguían siendo largas e insomnes y de pronto comenzó a sentir un dolor en el pecho. A veces le costaba respirar, pero trataba de ignorarlo, atribuyéndolo a la ansiedad que le provocaba la duda sobre su paternidad.

Cristina le insistía para que fuera al médico, pero él se negaba diciendo que era una somatización de su conflicto personal. Pero al ver que los síntomas persistían, decidió ir al ambulatorio a regañadientes.

Su médico lo mandó a hacer unas pruebas radiológicas y Salva acudió con Cristina. Les dijeron que los resultados los tendrían la semana siguiente.

Salva había trabajado en el mundo de la construcción toda su vida y le había ido muy bien. Gran parte de su éxito se debía a su manera de entablar relación con la gente. Era un hombre abierto, chistoso y muy popular. Era de aquellos que te pueden hacer apreciarlo de inmediato.

Para él era muy importante crear un ambiente de compañerismo con cualquiera, incluido con Pedro, su médico de cabecera.

Cuando acudió a la consulta de su médico, le preguntó por su familia, su perro y otros detalles que seguramente muchos de sus pacientes no conocían. Pero Salva los conocía debido a su relación de compañerismo. Tenía un don especial para hacer que su trato con cualquiera fuera cercano y familiar.

Esto hizo que la labor de su médico fuera mucho más difícil de lo habitual cuando tuvo que informarle de que las radiografías mostraban unas manchas inusuales. Ambos quedaron con el alma en vilo. El doctor sugirió una biopsia para ver de qué se trataba y Salva aceptó. Los resultados estarían disponibles a primeros de noviembre, en cuestión de tres o cuatro días.

Se puso tan nervioso que abrió una botella de whisky nada más llegar a casa. Habló con Cristina por teléfono y, tras informarla sobre la consulta, le pidió que no viniera. Necesitaba estar solo.

Terminó por beberse la botella entera y los días siguientes evitó cualquier tipo de conversación sobre el tema. Utilizó su arsenal de chistes, cambios de tema y cualquier otra estrategia que se le ocurriera. No podía ni contemplar otra mala noticia después de lo de Elsa.

Llegó el día de la cita con el médico. Cristina había venido a su casa a pasar la noche y cuando llegó la mañana, se montaron en el coche de ella y acudieron a la consulta. Él estaba demasiado nervioso, por lo que condujo ella.

La espera en la sala se hizo eterna y ni siquiera los comentarios chistosos de Salva ayudaron a aligerar la situación. Por fin lo llamaron y Salva y Cristina, con cara de acudir a un funeral, caminaron con reticencia hacia la consulta.

- Buenos días Pedro - lo saludó Salva. - ¿Ya duerme mejor el perro? - preguntó, tratando de quitar hierro a la situación.

Supo por la expresión en la cara del doctor que las noticias no eran buenas. Las facciones mostraban una tensión que Salva fue capaz de leer inmediatamente.

- Me temo que tengo malas noticias, Salva. . .

Salva fue incapaz de registrar el resto de la conversación. Su corazón latía con tal fuerza que las palabras de Pedro se hicieron inaudibles para él. Cuando hubo terminado de hablar, sintió como si alguien lo hubiera abofeteado obligándolo a volver a la realidad:

- Salva... -dijo el médico expectante - ¿tienes alguna pregunta?

Tratando de ganar tiempo y disimular el hecho de que no había entendido nada de lo que dijo, preguntó:

- ¿Y eso qué quiere decir?

- Un par de ciclos de quimioterapia por lo menos - dijo Pedro, con el alivio producido por haber llamado a las cosas por su nombre; - y luego haremos unas pruebas para ver cómo responde el cáncer y tomamos las decisiones necesarias.

¿Cáncer? ¿Había dicho cáncer? Salva no daba crédito a lo que estaba oyendo. No sabía si se trataba de una pesadilla o de una broma de mal gusto.

Pedro les sugirió que fueran a casa, hablaran de la situación y se mentalizaran para la difícil etapa que les esperaba. Las expectativas no eran del todo malas y había probabilidades de que los tumores disminuyeran con el tratamiento. Pero aún así, el tratamiento era una paliza para el cuerpo y la mente y les dijo que necesitarían estar fuertes para aguantar lo que les venía encima.

El tratamiento comenzaría en enero, así que Pedro les dijo que cargaran las pilas durante el periodo navideño y comenzaran el año en actitud de pelea.

Cristina pasó varios días en casa de Salva. Lo cuidó, cocinó, hablaron, lloraron, compraron pasajes de avión y efectuaron una reserva en un hotel en las Islas Canarias.

La reserva les acabó saliendo un poco cara, ya que no llegaron a aprovechar las ventajas del "todo incluido". Salva no tenía apetito y aunque le atraía la idea de disfrutar de los suculentos platos y postres disponibles en la carta, acababa dejando la mayoría intactos. Cristina, preocupada por él, tampoco comió demasiado.

Hablaron y lloraron un poco más y la ansiedad de Salva se acentuó. Daba vueltas y vueltas en la cama hasta que se levantaba en mitad de la noche. Cristina sentía cuándo él se levantaba y haciéndose la dormida para no preocuparlo, lo veía moverse de un lado para otro antes de salir al balcón a fumarse un cigarro.

Pasaron la navidad juntos pero, por más que se esforzaban en crear un ambiente festivo, la tristeza y la preocupación que los inundaban acababa por ahogar cualquier intento. De vuelta en casa, una postal inesperada de Elsa felicitándole las fiestas le levantó el ánimo un poco, pero enseguida empezó a pensar que no le había dicho nada de su enfermedad y volvió a sumergirse en el infierno emocional en el que se encontraba.

Cuando vi por primera vez a Salva, en abril del año siguiente, me dijo que estaba estancado en 2009, el año en el que había recibido el correo de Elsa y su diagnóstico de cáncer. Llevaba ya tres meses de tratamiento y lo había tolerado bastante bien hasta la fecha. Tenía náuseas y se sentía físicamente débil, pero lo llevaba relativamente bien.

Se había puesto en contacto con Elsa y le había contado lo de su enfermedad. Vino a verlo desde Alemania y hablaron largo y tendido sobre la situación durante la semana que se quedó en su casa. Elsa le había dicho que para ella él era su padre y que nada en el mundo podía cambiarlo. A su vez, Salva sabía que la quería con locura y que la posibilidad de que hubiera sido concebida por otra persona no cambiaba ese hecho en lo más mínimo. Se abrazaron y se juraron ser padre e hija para siempre, independientemente de lo que pasara.

El reencuentro con Elsa le quitó un enorme peso de encima y le dio la fuerza necesaria para centrarse en el tratamiento. También le devolvió la chispa que lo había caracterizado siempre y las enfermeras del departamento de oncología sonreían cada vez que llegaba para recibir su tratamiento de quimioterapia. Coqueteaba con ellas, les contaba historias graciosas y les agradecía todo su cuidado.

Pero seguía sintiéndose ansioso y le costaba dormir por las noches. Ahora que había recuperado su chispa, también le habían vuelto los viejos mecanismos de defensa y podía seguir enmascarando sus miedos con el fin de no preocupar a nadie. Se iba a la cama agotado y se dormía en cuestión de segundos. Pero no tardaba en despertarse con la cabeza dándole vueltas y con falta de aire. El silencio y la quietud de la noche no le permitían encontrar una distracción fácil y se quedaba en la cama tumbado, pensando en todas las cosas que podrían pasarle en el futuro.

Cuando le pregunté a qué se refería con eso de que estaba estancado en 2009, me dijo que no conseguía digerir la situación. Se sentía impotente y tenía la lágrima fácil, cosa que era muy rara en él. Siempre había sido un hombre optimista, pragmático y tenía una capacidad de planear las cosas de antemano que le había traído buenos resultados en la vida. Pero esta vez no funcionaba. Lo veía todo negro.

Nos vimos durante seis sesiones. El trabajo que hicimos no fue demasiado profundo y utilizaba el tiempo para contarme anécdotas de su vida diaria, así como historias del pasado. Noté en nuestra segunda sesión que repetía historias pasadas que ya me había contado. Creo que el objetivo de Salva durante nuestro trabajo no era descubrir nada nuevo, ni reflexionar sobre cómo abordar la situación, sino más bien digerir su posición poco a poco. Y creo que consiguió el resultado que buscaba.

Nuestras sesiones tenían el aire característico de una conversación entre amigos, lo cual era muy importante para él. De vez en cuando, profundizábamos un poco en algún tema que salía y fue en una ocasión de estas, en las que habló de estar estancado en 2009, cuando le sugerí dejar de utilizar esa frase, ya que así alargaba su calvario. A fin de cuentas se había reencontrado con Elsa, había comenzado su tratamiento y estaba haciendo todo lo que podía.

Hablando de ello, se me ocurrió sugerirle una idea para hacer la transición del 2009 al 2010 más tangible y le invité a celebrar una nochevieja durante el curso de las semanas siguientes. Le encantó la idea.

Invitó a Elsa y a algunos amigos y se juntaron en su casa una noche para celebrar una gran fiesta. Pusieron música navideña, cantaron villancicos, comieron las uvas y celebraron el nuevo año, con cinco meses de retraso.

Cuando llegó la penúltima sesión y revisamos nuestro trabajo juntos, le dije que parecía más tranquilo que cuando vino por primera vez y se mostró de acuerdo. Le pregunté si había algo en particular que quería que mirásemos en nuestro último encuentro y me dijo que no, que quería celebrarlo con un café y unos donuts. Me invitó a que fuésemos a desayunar a un bar e insistió en que pagaría él, pero rechacé la invitación diciéndole que no sería ético según mi código de conducta profesional, debido a que no podría preservar su confidencialidad y un entorno seguro para él. No se dio por vencido y me dijo que entonces traería unos donuts a mi consulta si yo ponía el café. Nos pusimos de acuerdo en hacerlo así.

La semana siguiente, a la hora de nuestra cita, recibí un mensaje de recepción diciendo que había un paquete esperándome. Era una caja de donuts y venía con un mensaje verbal de la recepcionista diciendo que un tal Salva había pedido que me la entregaran. Le había surgido un pequeño imprevisto y no podía acudir a nuestra cita. Me quedé decepcionado, preguntándome cuál sería el motivo real por el que no había venido.

Pasaron los meses y de vez en cuando me encontraba con él en recepción, cuando venía a ver a su enfermera, o tenía cita con alguno de los médicos del centro en el que yo trabajaba. Siempre bromeábamos sobre alguna banalidad y me preguntaba por la familia. Luego, con una sonrisa, me decía cosas como:

- Vaya mérito que tiene tu mujer... ¡Vivir contigo debe ser insoportable! - reía, guiñándome un ojo.

Una mañana de verano supe que lo habían ingresado en planta y fui a visitarlo. La situación era más grave de lo que él quería aparentar, pero le seguí el juego. Sabía que era importante para él mantener el tono jocoso.

Después de hablar un rato sobre la situación me dijo que sabía que no le quedaba mucho tiempo y que estaba barajando diferentes posibilidades para pasar el tiempo restante de la mejor manera posible.

- ¿Cuáles son tus prioridades? - le pregunté.

- No pienso comprarme un coche nuevo - dijo con indiferencia - pero he hablado con Elsa y ella me ha dado permiso para dejarle menos herencia y utilizar el dinero como mejor me parezca - dijo con una sonrisa forzada.

- O sea que parece que habéis tenido algunas conversaciones importantes sobre tu situación - recalqué.

- Sí, ya hemos hablado de todo lo que teníamos que hablar, así que ahora me toca ver mi lista con las cosas que me quedan por hacer antes de morir. He estado mirando y podría alquilar un helicóptero para ir a los Alpes, aunque también me gustaría ir a nadar entre tiburones.

Mi primera reacción fue de sorpresa ante la honestidad que mostraba Salva al hablar tan abiertamente sobre su muerte, cosa que nunca había hecho antes. Pero rápidamente, me sentí incómodo ante la falta de realidad que demostraban sus deseos. No estaba en estado de subirse a un helicóptero y menos de nadar.

Tras comentar lo espeluznante que debía ser nadar entre tiburones, le pregunté:

- Si supieras que te vas a morir dentro de cinco minutos, ¿consideras que estás en paz con Elsa, Cristina y todas las personas que quieres? ¿Dirías que has hablado de todo lo que te parece importante?

- Bueno,... no todo - dijo, pareciendo un poco incómodo.

- Y si supieras que te queda un día exacto para vivir, ¿sabes qué conversaciones te gustaría tener y con quién? - añadí.

Con aire pensativo, me contestó:

- Tienes razón. Quizá deba pensar un poco más sobre este tema.

Se hacía tarde y quedamos en que me asomaría algún otro día para saludarlo y hablar un poco más si quería.

Dos días más tarde, fui a visitarlo. Hacía un calor bochornoso y cuando acudí a su habitación vi que la cama estaba vacía. Pregunté en la sala de enfermeras y me dijeron que lo habían visto hacía poco. Seguí buscándolo y cuando salí al jardín, estaba sentado en un banco fumándose un cigarro.

Me saludó como a un amigo y me invitó a sentarme frente a él, en una silla vacía que había ocupado Cristina una hora antes. Sentí cómo el sudor me empapaba la camisa entre la espalda y el respaldo de mi silla.

Salva respiraba de forma trabajosa y tenía la frente empapada.

Hablamos del calor, del tiempo y de cómo se presentaba el verano, aunque todo indicaba que este iba a ser el último para él. Poco a poco, se fue poniendo más serio y me dijo que había tenido conversaciones importantes con Elsa y Cristina. Habían hablado de lo que se querían, habían llorado juntos, le había pedido perdón a Elsa por no haber estado siempre ahí para ella durante el matrimonio con su madre, y los tres pudieron pasar algún tiempo valorando simplemente el hecho de estar juntos. Había sido emocionante y me lo contaba con ojos húmedos.

Cambiando de tema, me dijo rápidamente:

- No te lo vas a creer, pero cuando me estaba duchando esta mañana, se ha roto la manguera de la ducha.

- ¿Ah, sí? - le respondí, siguiéndole la corriente. Pensaba que necesitaba un respiro de las emociones que me acababa de transmitir.

- Sí - añadió - y se lo he dicho a una de las enfermeras: ¡Yo creo que me queréis matar! - agregó con tono bromista.

- O sea, que te has cargado una de nuestras duchas... -bromeé yo también. - Sabes que somos una empresa sin ánimo de lucro... ¿tú crees que podemos permitirnos un gasto así?

Salva lanzó una carcajada y cuando se calmó un poco, me echó una mirada profunda, como agradeciéndome que le ayudara a aligerar la situación.

Conversamos durante un rato más sobre cosas cotidianas y antes de despedirme, le dije:

- Salva...

- ¿Qué? - preguntó con un gesto, como si pidiera que tuviera piedad de él y no le dijera nada serio.

- No toques nada más, ¿vale? – dije, mientras observaba el gesto de alivio en su rostro - ...no vaya a ser que lo rompas.

Nos estrechamos la mano, sabiendo de sobra que los dos entendíamos lo que el gesto significaba realmente.

Corría el mes de junio y en los días siguientes, hubo varias reuniones para trasladar a Salva a su casa. Quedó claro que sus necesidades médicas eran demasiado complejas para ello. Se barajó la posibilidad de enviarlo a una residencia geriátrica, aunque sería de los más jóvenes y el hecho de estar rodeado de personas mucho mayores con demencia no era demasiado atractiva.

No hubo una decisión clara y mientras los profesionales seguían tratando de elegir la mejor opción, las cosas cambiaron de manera drástica durante la noche. Salva había empezado a dormir cada vez más y su respiración se había vuelto cada vez más difícil. Esa noche quedó inconsciente y la mañana siguiente, a menos de un mes de haber celebrado el nuevo año, murió apaciblemente.

Salva era una de esas personas que nunca hubiera pensado en hacer una terapia. Contaba con el apoyo de sus amigos y no le gustaba hablar de sentimientos o pensamientos profundos. Prueba de ello era que durante su largo y complicado divorcio nunca pidió ayuda a nadie. Pasaba tiempo con sus amigos, se divertía, se desahogaba un poco y volvía a casa.

Su manera de hacer las cosas le había funcionado bien hasta que se encontró con dos noticias difíciles de digerir: la situación sobre su paternidad y, más tarde, su diagnóstico de cáncer.

Este fue el momento en el que lo que siempre había hecho para afrontar sus problemas no le daba el resultado que esperaba. La presión bajo la que se encontraba era mayor que la que sus recursos habituales podían contener.

Mi trabajo con él se basó sobre todo en ofrecerle un espacio seguro y confidencial en el que hablarme de sus preocupaciones. Solicitó mi ayuda porque sabía que necesitaba algo diferente y todos los de su alrededor le habían sugerido repetidamente que acudiera a ver a un especialista. Al final accedió.

Salva nunca hubiera tolerado una terapia rápida que lo llevara al centro de su problemática. El ritmo a seguir con él era lento, pues desconfiaba de este tipo de cosas.

En todo momento se aseguró de que el tono fuera conversacional y que pudiera recurrir a su humor rápido para quitar hierro en seguida cuando la conversación se dirigía a lugares demasiado íntimos. Era como el movimiento de un glaciar: imperceptible y lento pero constante.

La única parte en la que intervine de manera más deliberada y que sabría que él podría tolerar fue con su uso del lenguaje. Repitiéndose a sí mismo que 2009 no había terminado y que estaba estancado en el año pasado exacerbaba su estancamiento todavía más y lo perpetuaba.

Lo invité a adueñarse de su lenguaje, a discernir qué era real y qué no y, finalmente, a crear un lenguaje que reflejara su realidad. La incógnita sobre su paternidad lo atormentaba, pero por otro lado, tanto él como Elsa sabían que se querían como padre e hija. Además, todos los años que habían vivido como tales no los podía borrar nadie. Por tanto, ambos decidieron que, a pesar de no saber a ciencia cierta si estaban biológicamente emparentados, seguían siendo padre e hija. Desde este momento, jamás volvió a presentar ninguna duda cuando hablaba de su hija. Había elegido su verdad.

De la misma manera, seguía hablando de estar estancado en el año anterior. Cuando hacía referencia a 2009 hablaba como si una nube de mala suerte lo persiguiera, ejerciendo su influencia como si se tratara de un hechizo. Esto le hacía sentirse asustado, temiendo siempre qué era lo siguiente que le iba a pasar. Repitiéndose esta frase constantemente se asustaba a sí mismo.

La eliminación de este tipo de frases de su lenguaje eliminó consigo la duda y el miedo. O por lo menos los redujo.

Durante el curso de nuestro trabajo juntos Salva fue ahondando un poco más sobre su enfermedad y lo que ésta significaba para él. Pudimos hablar de su relación con Elsa y de lo que era prioritario para él a medida que la enfermedad fue avanzando.

Durante las últimas semanas de su vida Salva dio indicios de haber hablado con su hija sobre la gravedad de su situación. Aún así, le pregunté si había hablado de todo lo que necesitaba hablar, pues es muy habitual guardarse algo que puede no llegar a resolverse nunca.

Una vez más, manteniendo el equilibrio entre una conversación estéril entre amigos y el reto de llamar a las cosas por su nombre, lo invité a que lo diera todo antes de que fuera demasiado tarde. Salva aceptó la invitación.

Recuerdo nuestra despedida como si volviera a ocurrir en este mismo momento. Recuerdo el calor, el brillo del sol, el sonido de los pájaros cantando y la mano que me tendió para que la estrechara. Recuerdo su mirada pidiendo clemencia cuando lo llamé por última vez y mi respuesta bromista en respuesta. Ante todo, recuerdo el destello en sus ojos, despidiéndose de mí desde su escondite secreto.

12

UN CASO DE ÉXITO

Como todos los lunes, sentí una cierta inquietud por lo que me deparaba la mañana. Mi día comenzaba con una reunión con el equipo médico en la que se hablaba de cada paciente ingresado en nuestra planta, seguida de una ronda por las habitaciones visitando a cada enfermo.

Las visitas eran largas y muchas veces abrumadoras para los enfermos y sus familiares. Nos presentábamos en cada habitación tres médicos, una enfermera y un psicólogo. Imagino que debía ser bastante difícil para el paciente sentirse cómodo y dispuesto a hablar de sus preocupaciones de manera íntima, ya que mientras la persona que encabezaba la ronda hacía preguntas, el resto de los médicos tomaba notas en su portátil u hojeaba informes sobre el paciente echándoles un rápido vistazo. Yo odiaba el poco tacto con el que se trataban las visitas pero, por otro lado, era una manera de poder presenciar con detalle los retos que se les presentan a muchos de los pacientes que se encuentran en la fase terminal de su enfermedad.

Aunque las rondas duraban varias horas, sabía que sólo iba a ser parte de la misma durante un máximo de dos, ya que a las once de la mañana llevaba un grupo de apoyo psicológico a pacientes. Allí es donde conocí a Clara.

Su nombre me sonaba pues una psicóloga, compañera de trabajo, la había tratado unos años antes. Por lo que recordaba era una paciente relativamente estable. Recuerdo sentirme inquieto por conocerla. Tenía mucha curiosidad por saber cómo es que tantos años más tarde, aún seguía viva.

Entró en la sala una mujer de pelo largo y claro, sujeto a la altura de la nuca por una goma. Su obesidad, junto con un aspecto descuidado, incrementaba la impresión de que la apariencia no ocupaba los primeros puestos en su lista de prioridades. Con aire de dejadez, se presentó como Clara y me tendió una mano lánguida para que la estrechara a la vez que sujetaba la muleta entre la parte interna de su brazo y el cuerpo.

Tenía unos cuarenta años. Tras tomar asiento, la invité a que se presentara al resto del grupo. Era madre de dos hijos. Jorge tenía dieciséis años y Alex catorce. Su marido, Fernando, tenía su propia empresa en el extranjero, donde fabricaban y vendían filtros y purificadoras de agua. Solía alternar periodos en los que se marchaba a trabajar fuera durante dos semanas enteras con otros periodos de dos o tres semanas en las que lo hacía desde casa. Durante su tiempo en casa trabajaba pocas horas al día, y algunos días ni siquiera eso.

Clara empezó a tener algunos problemas gástricos cuando tenía diecinueve años. Llevaba con Fernando desde los catorce y eran felices juntos. Fernando fue a la universidad, pero Clara vio sus estudios interrumpidos por varios ingresos hospitalarios e investigaciones médicas interminables que no conseguían determinar la causa de sus síntomas.

Finalmente, a los veintitrés años, una vez casada con Fernando y embarazada de Jorge, le diagnosticaron un cáncer de estómago. Durante los siguientes años probó todo tipo de tratamientos, pero tras varios ciclos de quimioterapia, radioterapia y una operación quirúrgica en la que le extirparon dos tumores del estómago, le comunicaron que lamentablemente su enfermedad se había extendido demasiado y no había nada más que pudieran hacer por ella. Le informaron de que tenía nueve tumores en diferentes partes del estómago y que el mayor de ellos había alcanzado el tamaño de un melocotón. Para entonces, Clara ya había tenido a Alex y comenzó a tratar de aceptar la idea de que sus dos hijos pequeños iban a quedarse sin madre.

Clara y Fernando se derrumbaron y pasaron semanas sin apenas hablarse porque no sabían qué decirse. Clara lloró, gritó y se dio por vencida. Fernando discutía con cada conductor en la carretera, rompió platos en su casa y se emborrachó un par de veces. Fue terrible.

Destrozados, acudieron juntos a la consulta de su oncólogo, quien les transmitió que iban a incluir a Clara en un estudio de un medicamento nuevo cuya eficacia no se había establecido todavía.

Con poco ánimo y sin albergar esperanza alguna iniciaron la prueba. Clara comenzó a amontonar objetos que tuvieran significado para ella y los empezó a poner en dos cajas: una para cada uno de sus hijos. Pasó las semanas ocupada, preparando su legado para Jorge y Alex.

Al cabo de unos días, acudió al hospital para someterse a la resonancia rutinaria que formaba parte del estudio. A los tres días sonó el teléfono de su casa. Era su oncólogo.

Llamaba para decirle que algunos de sus tumores habían desaparecido y que los que quedaban habían disminuido de tamaño. Clara quedó atónita. No sabía si alegrarse o si le estaban gastando una broma de mal gusto.

Tras cuestionar al médico y asegurarse de que había entendido bien, Clara llamó a Fernando al trabajo y compartió con él la noticia. Por un lado, se sentían exaltados por las buenas nuevas. Por otro, no querían hacerse demasiadas ilusiones, pues no querían decepcionarse más tarde.

Seis semanas después, la siguiente resonancia mostró algo para lo que nadie estaba preparado: ¡No quedaba ni rastro de ningún tumor! ¡Como por arte de magia habían desaparecido!

La presencia de Clara en el grupo tenía un efecto peculiar. Ya hacía casi veinte años que Clara había respondido al medicamento de prueba y todavía no había rastro. Por un lado, Clara era la paciente que todo el mundo quería ser. Todos los pacientes que he visto en mi carrera hubieran firmado por ser Clara. Lo que todo el mundo desconocía era que ser Clara no tenía nada que ver con lo que se suponía que tenía que ser.

Se trataba de un éxito médico y los médicos lo celebraban dándose palmadas en la espalda. Recibía una atención sin igual en un hospital universitario privado de los más prestigiosos del país. Pero vivir en la piel de Clara era otra historia. Se sentía deprimida. No tenía ningún rol en la vida. Nunca había trabajado y, como madre, se había sentido ausente durante gran parte de la infancia de sus hijos debido a ingresos hospitalarios prolongados.

Las semanas que Fernando trabajaba desde casa se sentía mejor, pero cuando viajaba se sentía sola. Las pastillas habían contribuido a una ganancia de peso vertiginosa y, debido a ello, sufría dolores de espalda casi inaguantables. Había tenido varias hernias de disco y necesitaba muletas al andar para amortiguar su peso. Clara se hallaba a años luz de ser la persona feliz, agradecida y afortunada que todo el mundo pensaba que debería ser. Se sentía atrapada y, a su vez, se sentía culpable de sentirse atrapada. Pero esto no se lo contaba a nadie más que a sus compañeros de grupo: aquellos que soñaban con poder ser como ella algún día.

Clara acudió a nuestro grupo durante unas pocas semanas y luego desapareció sin dar noticia. Años más tarde, supe por una compañera de trabajo que seguía viva, aunque las cosas no le iban nada bien.

Se había divorciado, ya que Fernando no podía soportar la situación. Además, le debió de aparecer un tumor en el cerebro, tan cerca del nervio óptico que acabó perdiendo la visión en un ojo. Vivía aterrorizada con la incertidumbre diaria de si perdería la visión en el otro y si se quedaría ciega.

Anímicamente, se hallaba tan perdida y tan desdichada como siempre, pero con el problema adicional de sentirse abandonada y de no ser querida. Pasaba horas al día sola, dándole vueltas y más vueltas a la cabeza.

Pero para los médicos de los hospitales universitarios más prestigiosos, Clara seguía siendo un auténtico éxito. La seguían vigilando de cerca y habían publicado varios artículos en revistas científicas de renombre.

Clara fue una paciente con la que tuve muy poca interacción, pero su caso caló muy hondo en mi manera de ver el mundo de los cuidados paliativos.

En el tiempo que formó parte de nuestro grupo pude averiguar muy poco sobre ella, pero me quedó claro que utilizaba un pensamiento y lenguaje depresivos. Pude comprobar que estaba deprimida.

Resultaba sorprendente a primera vista, que éste fuera el caso cuando estaba en la situación privilegiada con la que todo paciente soñaba al comienzo de su enfermedad.

La grandísima mayoría de las personas en el mundo de los cuidados paliativos, ya sean profesionales o usuarios, coinciden en que el éxito de un caso de enfermedad terminal consiste en alargar la vida del paciente y, a su vez, controlar los síntomas de la enfermedad para asegurar la mejor calidad de vida posible.

Desde el punto de vista médico, la situación de Clara era una victoria evidente. Los tumores habían desaparecido, no padecía síntomas físicos como náuseas, diarrea, dolores extremos, etc. Los únicos síntomas que le quedaban eran el dolor de espalda, la obesidad y los procesos psicológicos que la acompañaban.

Además, estos síntomas pueden afectar a cualquier persona, independientemente de que tenga un cáncer o no. La depresión, el dolor de espalda y la obesidad son problemas cada vez más frecuentes en nuestra sociedad y para cualquier persona que no quiera morirse la opción que elegirían sería muy clara.

Desde el punto de vista de muchos pacientes y familiares, el éxito se reduce simplemente a poder prolongar la vida, independientemente de los síntomas resultantes. Aunque la alegría puede durar poco y la historia cambia cuando hay que vivir con ellos de manera constante.

La situación no es tan diferente a la de pedir un crédito al banco, lo cual nos ha inmerso en una crisis económica en la última década. Son muchas las familias que han pedido un crédito por encima de sus capacidades, muchas veces incluso por un valor superior al de la vivienda que pensaban comprar. Así han podido comprar la casa, cambiar de coche y con el dinero restante pasar unas vacaciones en el Caribe.

Los primeros meses las cuotas se pagan como estaba previsto, pero los meses se convierten en años y con cambios económicos que afecten el mercado laboral comienzan las dificultades. Es cada vez más difícil llegar a fin de mes, día tras día, mes tras mes, hasta que se vuelve parte de la realidad diaria. El miedo al desahucio impera y todavía quedan quince o veinte años de hipoteca.

Por ello, todas las personas que rodeaban a Clara, tanto en un rol familiar como profesional, no tenían ninguna duda de que su situación era un chollo. El precio que debía pagar por mantenerse viva, según ellos, era mínimo.

Pero la única persona que vivía en la piel de Clara desde que se levantaba hasta que se acostaba era ella. Racionalmente sabía que le había tocado "la lotería" pero su vida era una cuesta arriba constante. A pesar de sentirse teóricamente afortunada, en realidad se sentía una impostora. No conseguía dormir durante la noche porque uno de los efectos secundarios de su medicación eran los cambios de temperatura repentinos. Sentía grandes sofocos impredecibles que se alternaban con frioleras inesperadas. Durante el día los toleraba mejor, pero por la noche no la dejaban dormir.

Veinte años con este tipo de síntomas es mucho tiempo. Estamos hablando de doscientos cuarenta meses o siete mil doscientos días con sus siete mil doscientas noches. Todos ellos sin saber cuántos más iba a tener que sobrevivir.

Una compañera mía solía decir que si hubiera sabido de antemano el dolor que iba a sufrir durante el parto, nunca hubiera tenido hijos. De la misma manera, Clara confesaba que, si hubiera sabido de antemano lo que le esperaba, quizá no hubiera elegido este camino.

En el caso de mi compañera, la belleza de un recién nacido y la alegría que provoca transforman de manera más o menos rápida la experiencia del dolor sufrido. Para Clara, en cambio, la balanza se ladeaba mayoritariamente hacia lo negativo. Pero sentía el deber de permanecer viva por los demás.

Desafortunadamente, este es el caso para bastantes pacientes paliativos, por lo que he podido observar. Al preguntar a muchos si querían por sí mismos someterse a la siguiente operación o al siguiente tratamiento me respondieron que no. Pero, a su vez, se sentían bajo la obligación moral de intentar lo siguiente que se les presentara, independientemente de que las posibilidades de éxito fueran muy reducidas o del malestar con el que tuvieran que vivir. Se lo debían a sus familias.

La decisión no es nada fácil. A veces me pregunto qué es lo que yo haría en la situación de Clara sabiendo lo que sé sobre cómo se desenvolvió su vida durante los siguientes veinte años. Todavía no sé la respuesta.

Veinte años de dolor, depresión, desgana, falta de reconocimiento, vergüenza por su apariencia física y noches en vela me parecen un precio muy alto a pagar, sobre todo sin saber durante cuánto tiempo más tendría que aguantarlo. Por si fuera poco, el miedo a perder la vista por el último tumor que afectaba a su nervio óptico añadía otra dificultad adicional.

Sin embargo, el hecho de dejar a dos niños pequeños huérfanos de madre tampoco me parece una gran solución.

¿Cuál es la solución, entonces?

Lo que he podido comprobar de manera repetida es que cuando el sistema médico ofrece tratamientos posibles, los médicos informan al paciente sobre las posibilidades y beneficios que se pueden producir. En cambio, rara vez se informa de los posibles efectos secundarios. En mi opinión, conocer e incluir esta información ayudaría al paciente y a su familia a tomar una decisión mucho más integrada.

Existe también otro problema actual que afecta la capacidad de ser honestos del personal médico cuando se trata de compartir información sobre las posibilidades del tratamiento y las consecuencias que puedan tener en el pronóstico de los pacientes. Este problema es el hecho de que residimos en un mundo cada vez más litigioso.

Un pronóstico no es más que una opinión. Es una opinión profesional basada en una amplia experiencia con miles o incluso millones de casos similares, pero sigue siendo una opinión. El paciente otorga con frecuencia un poder sobrehumano al médico, lo cual se refleja en el lenguaje diario cuando decimos cosas como "el médico me ha dado tres meses de vida". Desde el miedo y la angustia no es inusual tomar un pronóstico al pie de la letra, y cuando un paciente termina muriendo antes de lo pronosticado, pueden aflorar un cúmulo de sentimientos de hostilidad por parte de la familia que pueden derivar en procesos judiciales.

Por lo que he podido observar, los profesionales de la salud se cubren las espaldas siendo muy escuetos y ambiguos a la hora de hablar de pronósticos. Se habla de "unos meses" o "pueden ser meses o pueden ser años". Cuando la muerte se avecina se habla de "días" o incluso "horas".

Es difícil que se pueda asesorar adecuadamente a una persona sobre las posibilidades de éxito de un tratamiento u operación cuando uno siente que tiene que andar con pies de plomo a la hora de hablar de resultados.

Me parece que es necesario empezar a considerar la muerte como un asunto humano, no médico. ¿Cómo puede ser que tenga que ser un médico quien nos informe que estamos al borde de la muerte? Como en el caso de una mujer embarazada, puede que el médico tenga acceso a medios tecnológicos que le permitan saber sobre el embarazo antes de que los síntomas sean evidentes. Sin embargo, resulta impensable que fuera el médico quien tuviera que informarla sobre su embarazo a pocos días, incluso meses, de parir.

Cuando se trata de la muerte, en cambio, parece ser el caso. ¿Cómo hemos llegado a esto? He observado a miles de familiares quedarse atónitos cuando se les informó de que a su ser querido le quedaban apenas unas horas de vida. Sin embargo, el paciente, reducido a un cúmulo de piel y huesos, en estado comatoso y con una respiración obstruida que podía oírse dese varios metros de distancia, daba indicios claros de que su llama estaba a punto de extinguirse.

Me gustaría pensar que si abdicáramos menos nuestro poder a la hora de nuestra muerte quizá pudiéramos crear una sociedad mejor equipada para hacer que la manera de abordarla fuera más humana, menos mecánica y más plena. Por lo que veo, esto nos queda todavía lejos y, mientras sigamos priorizando la longitud de vida sobre todo lo demás, casos como el de Clara se seguirán dando. Quizá no durante veinte años, como en su caso, pero sí durante el tiempo que dure su vida.

La tragedia es que podríamos estar fomentando una apariencia externa de gente afortunada, agradecida y sonriente pero que en su fuero interno se siente deprimida, atrapada y sin esperanza. Por ello, quizá debiéramos empezar a considerar "la calidad de vida" como un término que abarque más que la ausencia de síntomas físicos. Y para ello, hace falta que los profesionales podamos traer nuestra dimensión humana al trabajo con pacientes, sea cual sea nuestro título, y sin miedo a equivocarnos con nuestras palabras. Lo que nos une a otros seres humanos son los sentimientos y quizá deberíamos dejar de tratar de protegernos tanto y ser más valientes. Al fin y al cabo, pronto llegará el día en que seamos nosotros los que nos hallemos en el lecho de muerte y querremos que nos miren a los ojos y nos pregunten qué es lo que realmente es importante para nosotros.

13

UN SABOR AGRIDULCE

Escuché el ruido de unos pasos que se acercaban deprisa hacia la puerta. Me encontraba de pie, sobre un felpudo marrón impecable con la palabra ´Welcome´ escrita, dispuesto a adentrarme en el mundo de Dani, un paciente con cáncer de riñón que me habían derivado.

Situada en un lugar recóndito del bosque, rodeada de naturaleza salvaje, la casa de Dani era una mansión impresionante que solo una persona acaudalada podría permitirse. Una pista sin asfaltar conducía desde la carretera comarcal hasta una impactante verja negra de hierro forjado, con puntas de flecha de color dorado en la parte superior. Una puerta metálica doble se abrió para dejarme entrar en un amplio aparcamiento cubierto de gravilla.

Por fin, los pasos llegaron hasta la puerta y se abrió lentamente. Una mujer de unos sesenta y cinco años me recibió con una sonrisa que transmitía más recelo que alegría y me invitó a entrar.

Sofía, la mujer de Dani, me pidió que la siguiera y me guio por un suelo entarimado resplandeciente hacia el inicio de unas escaleras enmoquetadas, verdes, con una barandilla blanca.

- Está arriba, en su cuarto - me dijo. - No se levanta de la cama.

Llegamos al piso de arriba. Un largo pasillo desembocaba en una habitación enorme con moqueta verde y paredes crudas. Junto a la pared se apoyaba la cabecera de la cama en la que me esperaba un hombre menudo, reducido a piel y huesos por la enfermedad. Delante de él, un amplio ventanal mostraba un prado extenso rodeado de árboles.

En una esquina, había una butaca antigua tapizada con una tela beige y flores moradas. Con una mueca seca que pretendía ser una sonrisa, me hizo una señal con la mano para que me sentara.

Traté de conversar un poco con Dani, pero no parecía tener mucho tiempo o ganas de andarse con rodeos. Se hallaba reclinado en la cabecera de la cama sobre un cúmulo de almohadas y reposaba en su regazo un bloc de notas de hojas amarillas. En su mano derecha sostenía una pluma estilográfica que debía haberle costado una fortuna y se disponía a tomar notas sobre nuestra conversación.

Me preguntó qué podía ofrecerle o qué pautas le aconsejaba seguir para obtener los resultados que deseaba. Según contestaba a sus preguntas Dani escribía algo en su cuaderno. Pude empezar a imaginarme la manera en la que había dirigido las reuniones de trabajo durante su larga y exitosa carrera en el mundo de los negocios en la gran ciudad.

Una vez realizadas las preguntas más importantes para él, y a medida que se relajaba un poco, me comunicó que le parecía importante informarme del estado de su enfermedad, para que así pudiera darle consejo.

Me informó de que hacía menos de un año le habían diagnosticado un cáncer. Debido a que lo habían localizado más bien tarde, se había extendido por varias partes de su cuerpo. Estaba, por tanto, en tratamiento paliativo y entendía que la hora de su muerte era tan solo cuestión de tiempo.

Dani había sido un exitoso hombre de negocios, ocupando altos cargos en el mundo de la banca de inversión. Le apasionaba su trabajo y había viajado por todo el mundo. Siguió trabajando durante varios años pasada la edad de jubilación, pero a sus setenta y tantos años dejó de viajar. Aun así, continuó yendo a la ciudad temprano por la mañana y volviendo a casa tarde, a veces casi de madrugada. En los últimos tres o cuatro años iba a la oficina solamente una o dos veces por semana, pero seguía trabajando desde casa y pasaba horas al teléfono hablando con su socio.

Sus dos hijas estaban ya casadas y tenían hijos a los que no solía ver con mucha frecuencia. Tampoco veía mucho a su hija mayor, mientras que con la menor, que trabajaba también en el mundo financiero, tenía una relación más estrecha, aunque centrada en el aspecto laboral.

- Y esta es la situación - terminó de relatar. - Ahora que ya sabes quién soy y qué es lo que me pasa, ¿qué puedes decirme que pueda ayudarme?

Le contesté:

- No sé qué puedo decir para ayudarte... - confesé. - Pero puedo extraer algunas conclusiones basadas en lo que me has contado que quizá puedan servir para ver la situación desde otro ángulo, - añadí haciendo una breve pausa. - Imagino por tu manera de abordar este encuentro, que estás acostumbrado a llevar el mando y que tienes una mente clara y organizada que te permite hacerlo, lo cual es una ventaja. Además, me has comunicado que eres consciente de que la hora de tu muerte es cuestión de tiempo. Me imagino que en lo que se refiere a tu enfermedad y el tiempo que queda hasta que llegue el día, sientes que el timón se te escurre de las manos, lo cual debe ser bastante incómodo para ti.

Asintió con la cabeza sutilmente, mientras seguía mirándome atentamente.

- También imagino que durante toda tu vida has priorizado tu trabajo, y éste ha sido una enorme fuente de satisfacción. Veo que estás acostumbrado a dirigir las conversaciones de manera que captas la información necesaria de la manera más efectiva posible, y esa también es una cualidad muy útil. Pero en este caso, puede presentar un problema. -Hice otra pausa, antes de continuar. - No es nada raro que ante una situación como la tuya, siendo consciente de que tu vida se está acercando a su fin, tus prioridades cambien y que lo que hasta ahora había sido importante para ti haya dejado de serlo. Y quizá, a lo que hasta ahora no le habías prestado demasiada atención comience a reclamarla.

Me miró un poco confuso, pero seguía prestándome toda su atención y me pidió que prosiguiera.

171

- Si yo me comportara como tú esperas y tuviéramos un tipo de conversación a la que estás habituado, probablemente acabarías con la información que buscas. Pero no estaría haciéndote ningún favor, pues no te daría la oportunidad de cambiar nada. Me imagino - continué- que saber que el tiempo que te queda con tu mujer y tus hijas es limitado debe ser motivo de inquietud para ti, y que si hicieras una lista de las cosas a las que te gustaría prestar atención antes de que sea demasiado tarde en orden de importancia, probablemente colocarías a tu familia bastante arriba.

Retiró su mirada antes de que terminara la frase y se miró las manos mientras éstas meneaban su pluma inquietamente durante unos segundos. Poco después, sus manos se paralizaron y Dani comenzó a llorar. Lloró en silencio durante unos minutos y cuando se hubo calmado un poco, me miró:

- Es verdad - dijo entre sollozos - siempre me he refugiado en el trabajo y he dejado a mi familia de lado. - Apenas terminada la frase comenzó a lamentarse de nuevo, mientras las lágrimas descendían por sus mejillas y dejaba escapar algún gemido.

Permanecimos unos minutos sin hablar, Dani llorando en silencio, y yo observándolo compasivamente.

Tras dos o tres minutos más le pregunté si quería volver a verme. Me dijo que sí. Acordamos que volvería a la misma hora la semana siguiente. Dani me dio las gracias con ojos húmedos. Lo dejé en su habitación mientras me adentraba en el pasillo en busca de las escaleras. Al bajar a la planta baja, su mujer me preguntó si todo había ido bien. Le contesté que sí y le informé de que habíamos acordado volver a vernos la semana siguiente. Nos despedimos y me marché.

******

Llamé a la puerta, y volví a escuchar los pasos de Sofía que se acercaban hacia donde me encontraba. Abrió la puerta un poco más relajada que la última vez, pero todavía con cierto aire de recelo en su mirada, me guio una vez más al cuarto de Dani.

Se encontraba en la misma posición que la semana pasada. Esta vez no tenía cuaderno ni su pluma y estaba más delgado todavía, si aquello era posible. Su cuerpo, cubierto por una sábana y una colcha de cama, no parecía ocupar más que algunas de las arrugas que se habían formado a su alrededor. Los dos botones superiores del pijama estaban desabrochados y dejaban ver un torso en el que se notaban los huesos.

Me recibió con una sonrisa y, sin decir palabra, comenzó a llorar. Parecía sorprendido, como si las lágrimas se hubieran apoderado de él a traición. Me explicó que había utilizado el tiempo desde mi última visita de manera productiva, y que había mantenido conversaciones importantes con su familia.

Había hablado largo y tendido con su hija mayor y le había pedido perdón por no haber estado más presente. Ella compartió con él lo difícil que había sido para ella sentir su ausencia cuando se había quedado embarazada, y que le hubiera gustado que sus hijos hubieran tenido un abuelo un poco más presente. Lloraron juntos y se abrazaron. Estaba eufórico.

Sin embargo, la conversación con su mujer tomó una dirección muy diferente. Sofía había aprendido a no necesitar a Dani. Había criado a las niñas sola, había pasado muchas noches sola mientras Dani viajaba por todo el mundo codeándose con todos aquellos ejecutivos de altos cargos. Al principio, trataba de hablar con él y decirle cómo se sentía, pero él nunca acogía sus sentimientos. Al final, aprendió a vivir resignada y a hacer su vida. Estaba muy bien que Dani se hubiera dado cuenta de esto ahora, me dijo, pero para ella era ya demasiado tarde.

Dani se sentía afligido. Se resistía a pensar que fuera a morir sin poder resolver eso.

Pasamos la sesión considerando diferentes posibilidades, pero todas desembocaban en el mismo lugar: por mucho que Dani lo quisiera, si Sofía decidía que este tema estaba zanjado para ella y decidía no invertir ninguna energía en cambiar, Dani no podía hacer absolutamente nada al respecto. Siempre podría tratar de aceptarlo o de hacer las paces con la idea, pero quizá el dolor de corazón que le provocaba era algo con lo que iba a tener que aprender a vivir durante el resto de su vida.

Entre llantos, se resistía a la idea de vivir con este sentimiento para siempre, y con lágrimas en sus ojos me dijo:

- ¡Mira como estoy! Nunca he sido de los de llorar y ahora ¡No puedo parar!

- El llanto es, a veces, lo único que nos queda cuando nos sentimos afligidos por una pérdida. No soluciona nada, ni te devuelve a la persona que has perdido, pero si te permites llorar todo lo necesario, después de un tiempo las lágrimas dejan de ser amargas y se vuelven un poquito más dulces - le contesté.

Aceptó la idea a regañadientes y seguimos hablando durante un rato sobre otras cosas que eran también importantes para él, hasta que llegó la hora de marcharme.

*****

A los pocos días, en la reunión semanal en la que nos juntábamos todos los psicólogos, una compañera me informó que habían ingresado en planta a un paciente nuevo llamado Dani que decía conocerme. Estaba muy débil y se estimaba que le quedaban apenas algunos días de vida.

Después de la reunión, reanudé mi trabajo y en cuanto tuve un hueco bajé a planta para ver a Dani. Estaba dormido profundamente y, aunque tomé su mano y le dije que era yo, no obtuve respuesta. Decidí pasar varias veces al día, en cuanto encontrara un rato libre, para ver si lo encontraba despierto para así poder despedirme.

Una vez que pasé por planta esa misma tarde encontré a Dani despierto y pasé a saludarlo. Me miró a los ojos, y lloró.

- ¿Por qué no puedo yo tener eso? - me preguntó.

- Eso, ¿qué? - le pregunté.

- Eso que tienes en tu mirada - me dijo, entre lágrimas.

Permanecimos unos minutos callados hasta que me dijo que estaba muy cansado. Me despedí, y lo dejé, sollozando en silencio.

A la mañana siguiente lo vi dormido, pero tenía cara de estar más en paz. Sobre su mesilla de noche había un vaso de pinta con un dedo de cerveza negra. Me enteré a primera hora de la tarde que había muerto esa misma mañana.

Me dijo una enfermera que la noche anterior había rogado que le trajeran una Guinness. Le encantaba la cerveza negra. Como era de esperar, es difícil encontrarla en un centro de cuidados paliativos. La enfermera le dijo que haría lo posible, y se sentía tan impotente por no poder conceder un último deseo a un hombre moribundo, que se montó en su coche y condujo hasta un pub irlandés que se encontraba no muy lejos.

Pidió una Guinness y a la hora de pagar, advirtió al camarero que no iba a poder traer el vaso de vuelta. Cuando le explicó la situación, el camarero se sintió tan conmovido que le dijo que no se preocupara por el vaso ni por la cerveza: pagaba la casa.

La metió en su coche, y colocó el vaso en el salpicadero con máximo cuidado. Condujo muy lentamente los pocos cientos de metros hasta llegar al centro. Le llevó la cerveza a Dani, y este dio un trago, antes de atragantarse.

Solo podía beberla a sorbitos y así lo hizo durante las siguientes horas. Siguió consumiéndola toda la noche hasta bien entrada la mañana, y sobre las diez, pasó por su lado una enfermera para ver qué tal estaba. Dani la miró en silencio con cara de satisfacción y, cuando ella le preguntó si la había disfrutado, le echó una sonrisa y alzó su mano unos pocos centímetros con el pulgar hacia arriba.

Dani murió solo, sin que ningún familiar llegara a tiempo para verlo. Aquellos miembros de su familia que habían decidido abrirse a sanar su historia y a hablar de lo que estaba pasando, ya habían hecho su trabajo con él. Sin embargo, los que eligieron no hacerlo, prefirieron no despertar viejas sombras.

Quiero pensar que nuestro trabajo sirvió para algo y que, aunque Dani cargó con su tristeza hasta la tumba, había sanado lo que pudo antes de morir parcialmente satisfecho. Me pareció que se había sentido más humano de lo que lo había hecho en mucho tiempo y que se sintió apreciado por el personal que lo rodeaba. Quiero también pensar que era esto lo que saboreaba en sus últimos instantes, aparte de la Guinness.

Una frase que se atribuye al Dalai Lama dice que cuando las personas pierden su salud para ganar dinero, llega un momento en que tienen que perder dinero para volver a ganar salud. La paradoja con la que se encuentran muchos pacientes paliativos guarda cierta semejanza. Con frecuencia las personas invierten tiempo en su trabajo y su carrera con idea de cosechar los frutos en el futuro. Es decir, quitan tiempo de la familia y las relaciones humanas para invertirlo en el trabajo, para más adelante poder tener tiempo de sobra para invertir en su familia y relaciones humanas. Cuando se les avisa que el tiempo se les agotó, se enfrentan a la realidad de que lo que habían invertido lo han perdido, muchas veces para siempre.

Hace más de cien años, Freud ya decía que cuando un paciente acudía a su consulta no lo hacía para cambiar, sino para elaborar su conocimiento de su mecanismo para poder mantenerse igual. No sé si estoy de completamente de acuerdo con este enunciado, pero puedo ver cómo algunos pacientes no tienen intención de cambiar. Algunas veces de manera consciente, otras desde la resistencia y los miedos inconscientes.

Dani abordó nuestros encuentros como un ejecutivo, que era el papel que conocía. Pero comportarse como un ejecutivo era precisamente parte de su problema. Al haber vivido como un ejecutivo, había perdido el contacto con su familia. Y se le agotaba el tiempo.

En su trabajo, congregaba a expertos en diferentes áreas y les pedía que redactaran un informe con su opinión profesional. Juntaba la información, unía las piezas y con la visión más amplia de la situación total, ejecutaba su decisión.

Mi resistencia a procurarle el informe que me pedía se originaba en mi opinión profesional de que la situación en la que se hallaba y los problemas que quería solucionar eran consecuencia de su manera habitual de hacer las cosas.

Todavía recuerdo su mirada y lo conmovido que me sentía cada vez que veía el destello de sus ojos. Era una persona que decidió hacer un cambio en su vida cuando no tenía por qué. De hecho, su decisión me cogió por sorpresa. No esperaba que fuera a hacerlo.

Él me miraba y hablaba de "eso" que veía en mi mirada, lo cual le conmovía a él. La verdad es que nunca supe a qué se refería con "eso".

La historia de Dani me dejó con un sabor agridulce. Hay personas que deciden hacer el trabajo y estar presentes hasta el final. Resuelven sus asuntos y consiguen recuperar la intimidad de sus relaciones más importantes. Otras, en cambio, deciden no hacerlo, como otros protagonistas de las historias de este libro.

La de Dani fue una historia mixta. Resolvió sus asuntos con su hija mayor, pero no con su mujer. Cada una de ellas se quedó en una situación muy diferente y el impacto emocional para cada una dictaría la forma que tomarían en un futuro cercano.

Quiero pensar que el trabajo realizado por Dani fue un regalo para él y para parte de su familia. Me hubiera gustado que su mujer también hubiera querido abrir su corazón y sacar lo que había en él, pero tomó una decisión clara, tan respetable como cualquier otra.

A veces llego a saber del paradero de algunos familiares tras la muerte de un paciente, porque una enfermera o algún otro compañero conoce a alguien relacionado con ellos. En este caso, nunca supe sobre ella. Sea lo que fuere de ella, le deseo lo mejor y espero que encontrara una manera de vivir con sus sentimientos inconclusos o de resolverlos. Si existe una vida después de la muerte, guardo en mi mente la imagen de Dani, mirando hacia abajo, ansioso y compasivo, por su bienestar.

14

UN ÚLTIMO ACTO DE AMOR

Sergio y Andrea no podían ser más diferentes. Ella era grande, de pelo largo hasta la cintura teñido de negro. Rondaba los cincuenta años. Sufría de sobrepeso. Se veían las raíces canosas en la parte superior de su cabello por lo que imaginé que la última vez que se tiñó el pelo debía haber sido hacía ya algunos meses. Llevaba las manos cubiertas de anillos de metal voluminosos y de formas estrambóticas. Vestía siempre de negro. Emanaba un fuerte olor a tabaco.

Sergio era un hombre menudo, de unos sesenta años. Llevaba unas gafas grandes y no tenía pelo ni en la cabeza, ni en las cejas. Pronto confirmé que se debía a la quimioterapia. Llevaba una camisa a cuadros, impecablemente planchada, y unos pantalones de pinzas color caqui. Se le veía bien aseado, con un afeitado apurado, y desprendía un olor penetrante a colonia. Colgó su americana del perchero de pie situado en una esquina de la sala y se sentó en una butaca, mientras que Andrea se sentó en la otra. Yo me senté en el sofá, a un par de metros escasos frente a ellos.

Andrea tomó la iniciativa y comenzó a relatarme la situación de Sergio. Hacía un par de años, se había ido a andar en bicicleta con sus dos mejores amigos en una excursión de chicos por la Tramontana en Mallorca.

Solían hacer una escapada anual, sin sus mujeres, donde combinaban largas etapas de ciclismo durante el día, con buena comida y alguna copa que otra por las noches. Se conocían desde el colegio y habían mantenido el contacto a través de los años. Les encantaba recordar viejas historias y hablar de tonterías. Se lo pasaban en grande.

El penúltimo día, mientras ascendía una gran pendiente de montaña, Sergio sintió que le faltaba el oxígeno. Pensó para sus adentros que se estaba haciendo viejo, aunque la verdad es que estaba en un estado de forma envidiable. Solía salir a andar en bicicleta todos los fines de semana. No quiso darle mayor importancia y las burlas amistosas de sus amigos hicieron que pronto se olvidara del asunto, entre risas y palmadas en la espalda.

De vuelta a casa, notó que le costaba subir las escaleras del portal al regreso de su trabajo. Descansó unos segundos y subió en ascensor hasta el cuarto piso, donde vivían. Introdujo la llave en la cerradura, abrió la puerta, y según la cerraba comenzó a notar que se le obnubilaba la vista. Sintió como si le estuvieran pegando martillazos en un lado de la cabeza y sin darse cuenta, cayó desplomado sobre el suelo de la entrada.

Andrea había oído el ruido de la puerta y esperaba que viniera a la sala y le diera un beso, como hacía todas las noches. Si algo era Sergio, era predecible. Pasaron un par de minutos y, al ver que no venía, fue a mirar qué pasaba y lo encontró en el suelo sin conocimiento.

Trató de reanimarlo, le sostuvo la cabeza, le pidió a gritos que le contestara, pero Sergio seguía tumbado completamente inerte. Andrea corrió al teléfono, marcó el número de urgencias y tras contarles la situación, le dijeron que una ambulancia iba de camino. Una eternidad más tarde oyó el sonido de las sirenas y, a la velocidad de un rayo, dos chicos de uniforme se presentaron en su casa. Uno de ellos tomó la muñeca de Sergio y comprobó que el pulso era irregular. Le colocaron una mascarilla de oxígeno, lo levantaron para ponerlo sobre una camilla y lo bajaron a la ambulancia. Salieron corriendo, con sirenas y luces, mientras Andrea los seguía por detrás en su coche. Cruzaron la ciudad y por fin llegaron al hospital.

Lo examinaron meticulosamente y al día siguiente, cuando se obtuvieron los resultados de radiología, las placas mostraron manchas en diferentes órganos vitales, incluidos los pulmones. Las biopsias confirmaron que se trataba de tumores malignos.

El mazazo fue tremendo para los dos. Si hubiera sido al revés, les habría sorprendido menos. Andrea fumaba, comía sin ningún tipo de orden y no había hecho ejercicio en décadas. Pero Sergio, ¡eso sí que no! Había tenido una época hace años en la que había tenido algún problema con el alcohol, pero hacía ya tiempo que había enderezado su vida. Comía de manera sana, hacía ejercicio y no había fumado nunca.

Hacía ya un par de semanas que habían mandado a Sergio a casa. Controlaron sus síntomas, le dieron la medicación adecuada y desde entonces se había sentido relativamente bien. Estaba más cansado que nunca ya que respiraba con más dificultad y, cuando hacía un sobresfuerzo, su respiración entrecortada le generaba un ataque de pánico.

Andrea me habló de lo aterrorizada que estaba porque Sergio había estado a punto de morir hacía dos semanas. De manera completamente inesperada, se había empezado a dar cuenta de lo mucho que lo quería y lo perdida que se sentía sin él.

Me daba la impresión de que a Sergio le costaba mucho hablar de sí mismo y de lo que le preocupaba. Él coincidía con Andrea en que su pequeño incidente hacía unos días había sido un gran susto, pero se consolaba diciéndose que ya había pasado y que los médicos tenían la situación bajo control.

Cuando me habló de su enfermedad y de su manera de entender la situación, mostró un enfoque muy pragmático, y su presentación destacaba por su estoicismo. Suele ser habitual que cuando un paciente habla de su enfermedad casi parece que esté hablando de otra persona.

Tratando de llegar un poco a él, le pregunté:

- ¿Cómo te sientes cuando piensas que podías haber muerto hace dos semanas?

- Pues no me preocupa lo más mínimo - contestó. - Ya estaría muerto, así que no sentiría nada.

- Supongo que es verdad -le dije- pero si lo miramos de otra manera, me imagino que haber muerto hubiera dejado un montón de cosas en el aire, ¿no?

Hizo un gesto de asombro, levantando las cejas y ladeando la cabeza ligeramente.

- Lo que quiero decir es que probablemente habrías dejado conversaciones sin terminar, proyectos a medias y también un montón de asuntos prácticos sin solucionar. Supongo que Andrea sería la persona más afectada por esto. Si le miras a los ojos y piensas en todo esto, ¿qué sientes?

Andrea lo miró, sosegada pero con lágrimas en los ojos, mientras esperaba que Sergio pusiera en práctica mi sugerencia. Se puso tenso y su respiración se volvió superficial. La miró, y me dijo:

- Siento pena que pueda pasar, y lo que dices me ayuda a darme cuenta de que hay muchas cosas que no hemos solucionado entre nosotros - respondió de manera estoica.

No siempre hemos tenido la mejor relación - dijo Andrea. - Ha habido muchos años en los que hemos estado muy lejos el uno del otro. Emocionalmente, quiero decir...

Llegó la hora de terminar nuestra primera sesión y al preguntarles si querían volver a verme se miraron dubitativos. Ella quería volver, dijo, pues no quería vivir el resto de su vida sin hablar de los problemas matrimoniales que habían evitado durante tanto tiempo.

Sergio asintió con la cabeza, pero Andrea le volvió a preguntar varias veces si era lo que quería. Cuando propuse que parecía no creerle, ella admitió que no. Dijo que Sergio siempre se evadía de todo lo que tuviera que ver con sus emociones y que, aunque decía que quería volver a verme y hacer este trabajo, ella sospechaba que en casa cambiaría de parecer. A su vez, también reconoció que durante la sesión había tolerado hablar de sus dificultades más de lo normal y pensó que quizá esta vez las cosas fueran diferentes.

*****

Sergio sonrió cuando vio que me acercaba a la sala de espera. Andrea, vestida de negro, estaba tan sumida en sus pensamientos que ni siquiera me vio llegar. Les hice un gesto para que esperaran un segundo y él asintió con la cabeza.

Tras intercambiar unas breves palabras con una de las recepcionistas sobre otro asunto, los recibí en la sala y los hice pasar a la consulta. Andrea se había pintado los labios y los párpados de negro y se había teñido el pelo de morado. Sergio, impecable como siempre, llevaba unos vaqueros inmaculados y unos zapatos brillantes que terminaban en punta.

Se sentaron en las mismas butacas que la semana anterior, y enseguida me percaté de que la tensión entre los dos era palpable. Los largos silencios se hacían pesados. Percibí cómo se me tensaban los hombros y la parte posterior del cuello.

Andrea comenzó a llorar y me dijo que se sentía traumatizada. Nuestra última sesión había removido sentimientos que habían enterrado hacía tiempo y ahora no sabía qué hacer con ellos.

Dudó si contármelo o no. Pasaron unos instantes durante los cuales se miraron varias veces. Sergio parecía haber desconectado un poco, aunque parecía seguir el hilo de la conversación. Repetía que a él no le importaba si ella quería contármelo, pero ella sentía que lo estaba traicionando si lo hacía.

Finalmente se decidió. Me contó que, tras una multitud de intentos fallidos de embarazo, finalmente tuvieron un hijo. Se sentían felices, ya que era un bebé muy deseado. Pero desafortunadamente, el bebé fue prematuro y como en aquella época no se disponía de los medios actuales, no supieron que tenía un problema de corazón hasta que nació. Los médicos entendieron que algo andaba mal y enseguida se lo llevaron para intervenirlo. Apenas había pasado media hora desde que nació cuando la pobre criatura dejó de respirar. Su corazón no era lo suficientemente fuerte y no podía aguantar más.

Andrea y Sergio vieron confirmada la más feroz de sus pesadillas. Ella cayó en depresión profunda, él empezó a beber.

Jamás volvieron a hablar del tema con seriedad, pero los dos sabían que siempre estaba presente en sus pensamientos. Andrea comenzó a vestir de negro y encontró consuelo en la comida. Dejó su trabajo en una guardería infantil, donde había trabajado mayoritariamente cuidando niños de cero a tres años. Ahora le resultaba demasiado doloroso, así que comenzó a dar clases de música en un instituto. Su look de Alaska, vestida de negro, botas Dr. Martens moradas y colores de pelo inusuales le había ganado popularidad entre los estudiantes adolescentes.

Sergio bebía todas las noches. Salía y volvía tarde, o a veces se quedaba en casa consumiendo hasta una botella de whisky al día. Sus dos amigos del colegio fueron los pilares que le permitieron mantener su cordura, aunque le hacían falta cada vez mayores dosis de whisky para matar todos sus sentimientos. En el momento en que recuperaba la sensación en el cuerpo, el dolor volvía. La única manera era seguir bebiendo.

Pasaron los años, y Sergio decidió que no podía seguir viviendo así. Fue a un centro de desintoxicación, dejó de beber y empezó a andar en bicicleta. Encontró otras maneras de calmar su dolor y se dio cuenta de que éste había dejado de ser tan agudo. Era ahora más crónico. Le pareció más soportable. Se habituó a él y consiguió tener un sentimiento de paz relativo.

Andrea seguía comiendo para compensar su dolor y se fue alejando de Sergio. Él trataba de cuidarla y mostrarle su amor, pero ella pensaba que no era merecedora de él. De hecho, de manera inconsciente, quería que él la dejara por otra. Pensaba que así podría sentir que los dos tenían lo que se merecían. Se sentía responsable de la muerte de su bebé y sentía que le había fallado como mujer a Sergio.

Ella también aprendió a vivir con su propia cruz, y para bien o para mal, encontraron una manera de convivir sin que nada los enojara demasiado. Hasta que llegó el pequeño incidente, como lo llamaba Sergio.

Mientras ella me contaba la historia, Sergio la interrumpió diciendo que no era culpa de ella y que debía perdonarse. Se miraron, lloraron y Sergio se levantó para ir hacia la butaca donde estaba sentada ella. Se abrazaron y lloraron juntos.

Me sentí conmovido por su historia y rápidamente me inundó una especie de euforia. Parecía que los dos tenían intención de hacer un trabajo que aunque no fuera fácil, era muy necesario.

Culminó nuestra sesión y se marcharon agarrados de la mano.

*****

Pero en el transcurso de la semana Sergio y Andrea parecía que habían vuelto a toparse con un muro de piedra. Volvieron a entrar a la consulta y sentí como si una mano invisible me estrujara el cuello y los hombros por detrás. La tensión era, una vez más, palpable.

Me dijeron que se habían sentido muy juntos cuando salieron de mi consulta la semana anterior. Habían ido a un centro de jardinería que había cerca de su casa y que les gustaba mucho. Dentro había una cafetería donde tenían unas tartas de muerte, según me decían, y se habían sentado el uno junto al otro, se habían dado la mano y habían hablado y llorado durante un rato.

Pero cuando llegaron a casa la comunicación no fluía como en la consulta. Según Andrea, Sergio se atrincheraba como siempre y evitaba las situaciones. Andrea quería hablar, pero se encontraba con una pared.

Empecé a tener la sensación de que Andrea quería hablar de muchas cosas y sentía que había mucho que sanar. Sin embargo Sergio parecía inclinarse más por dejar las cosas como estaban. Pero aún así seguía dispuesto a venir cada semana y trabajar en ello, aunque muchas veces pareciera hacerlo con cierta reticencia. Comencé a entender que estaba tratando de hacer un gran último acto de amor por la persona a la que amaba.

Aunque la relación entre los dos había sido turbulenta durante años, para Andrea lo era todo. A pesar de su ambivalencia hacia él, no tenía más familia que Sergio. Había sido adoptada al nacer y nunca conoció a sus padres biológicos. Sus padres adoptivos habían muerto hacía décadas y conoció a Sergio cuando tenía dieciocho años. Pasó de vivir en una casa con sus padres a hacerlo en otra, con Sergio. Como la mayoría de las personas adoptadas al nacer que he conocido, Andrea tenía una creencia profunda tatuada en los huesos: que no era digna de ser amada.

Ahora se encontraba junto al hombre que había calmado su voz interna de que nadie nunca la iba a querer, pero a medida que él se acercaba a la muerte, esa voz estaba empezando a cobrar fuerza rápidamente, como lo hace una pequeña llama cuando se le empieza a agregar combustible.

Hablaron de ello, y Andrea pudo expresar cómo se sentía ante la idea de perder a Sergio. Lloraron, como era ya casi habitual, y se fundieron en un abrazo. Noté que cuando Andrea lo abrazó, Sergio hizo una mueca de dolor. Consulté con él si era el caso, y confirmó que su dolor había empezado a expandirse por un costado. Sentía que su movilidad era más limitada, y sospechaba que la enfermedad se estaba propagando por su cuerpo.

Ambos callaron durante un buen rato y teniendo en cuenta que todavía nos quedaban casi veinte minutos antes de finalizar la sesión, les invité a pensar qué es lo que podría resultarles más útil en el tiempo que nos quedaba. Andrea contestó que quería seguir hablando sobre las cosas que normalmente no hablan. Sergio dijo que estaba dispuesto a ello si ella quería y le preguntó de qué quería hablar. Ella contestó:

- ¡Pues eso! ¡De las cosas que normalmente no hablamos!

No conseguían ponerse de acuerdo sobre los temas de los que querían hablar y, cuando el reloj empezó a acercarse a la hora de terminar, les mandé deberes para hacer en casa. Les dije que quería que hicieran una lista, en privado, de los asuntos de los que les parecía importante hablar antes de que fuera demasiado tarde. Una vez escrita, no debían compartir nada de ello con el otro, y cuando nos juntáramos la semana siguiente podrían decidir si querían compartirlo o no.

Propuse esta idea porque quería que reflexionaran sobre las cosas que eran importantes para cada uno de ellos sin preocuparse de lo que el otro podría pensar si las leyera. Por ello la orden de que no compartieran su lista entre ellos.

Me sorprendió que cuando llegó la hora de nuestra cita no había señales de vida de Sergio y Andrea. Me entretuve contestando un par de emails cuando sonó el teléfono de mi despacho. Era una de las recepcionistas que me avisaba de que habían llegado.

Bajé las escaleras y vi a Sergio, con un abrigo de ante, junto al mostrador. Lo saludé y tras disculparse me explicó que Andrea estaba aparcando. Venían directamente del hospital, donde le habían hecho una resonancia para averiguar el estado actual de su enfermedad.

Andrea, con un abrigo verde que le llegaba a la altura de la rodilla, agarraba con sus manos los laterales de su falda negra mientras caminaba hacia nosotros con paso acelerado. Se disculpó, con respiración entrecortada y pasamos a consulta. Detrás de mí, oía cómo le costaba respirar.

Ya en la consulta, y sentados en sus butacas habituales, hubo un prolongado silencio mientras Andrea trataba de recuperar el aliento.

Una vez se hubieron calmado, hablamos de sus expectativas sobre los resultados de la prueba a la que se acababa de someter Sergio, y aunque Andrea trataba de mostrarse más positiva, él parecía no albergar ningún buen presagio al respecto.

Hubo otro prolongado silencio. Me di cuenta de que parecían estar un poco nerviosos. Cuando decidí articular mi observación, Andrea contestó que tenía que ver con la semana pasada. Me pasa con frecuencia que no recuerdo absolutamente nada de la sesión anterior, hasta que poco a poco, me vuelve a la memoria todo lo sucedido de manera detallada. No me preocupé por no saber de qué hablaba, pues confié en que la información me volvería pronto.

Sin darme tiempo a ello, habló de la lista. Ambos se llevaron las manos al bolsillo simultáneamente, mientras sacaban un papel. El de Andrea era un folio blanco, doblado por la mitad varias veces en un rectángulo perfecto. El de Sergio, un pedazo de papel ajado, probablemente arrancado de un sobre o algo así.

Dudaron durante unos minutos sobre qué hacer con ello. Los dos querían compartirlo, pero no se decidían sobre cuál era la mejor manera para hacerlo. Finalmente, llegaron a un acuerdo: cada uno entregaría al otro su papel para leerlo en voz baja.

Tomaron cada uno el papel del otro, lo desdoblaron y leyeron. Hubo un silencio de pocos segundos que se rompió súbitamente por los llantos de Andrea. Permanecimos callados durante unos minutos mientras seguía sollozando. Los sollozos se volvieron gemidos, y los gemidos lamentos. Sergio se levantó de su butaca y fue a donde ella. Abrazados, siguieron llorando.

Pasados unos minutos, Sergio volvió a su butaca y Andrea se calmó un poco, aunque seguían cayéndole lágrimas. Les pregunté si querían compartir conmigo el contenido de sus listas y asintieron.

El papel de Sergio decía: Quiero que sepas que no fue tu culpa.

Pasamos a hablar de ello un rato. Andrea seguía llorando en silencio. Al preguntarle, me dijo que no había mucho más que decir al respecto. El hecho de que Sergio hubiera escrito aquello la había dejado tocada, y simplemente era eso.

Luego sonrió, y dijo:

- ¡Mi lista es mucho más práctica!

- De momento, no tengo ni idea de lo que pone en tu lista - le confesé.
- ¿Te gustaría compartirla conmigo?

Asintió con la cabeza y me dijo que quería hablar del funeral y de otros asuntos prácticos. Su argumento era que no sabía nada sobre el tipo de ceremonia que quería Sergio y que cuando llegara el momento, iba a sentirse tan triste y emocionada que lo último que necesitaba era no saber cómo organizar una ceremonia con la que él hubiera estado contento.

A él parecía darle igual el funeral. Dijo que no le importaba, pero esto sirvió para que Andrea se enojara.

- ¡No te importa nada! - le dijo con tono de frustración.

- ¡Eso no es verdad! - contestó él inmediatamente.

- Me da la sensación de que si vamos por ese camino lo probable es que esto termine en una discusión - les dije, aprovechando un espacio para intervenir.

Se hizo una pausa y continué tratando de encauzar la conversación para que llegara a buen puerto:

- Está claro que éste es un tema muy delicado para los dos. Me imagino, además, que es doloroso hablar de ello. Lo que me ha parecido oír, Andrea, -dije mirándola, tratando de clarificar si mi idea era acertada- es que te preocupan tus sentimientos después de la muerte de Sergio. Y Sergio, - dije, mirándole a él - en este momento no ves más allá del acontecimiento.

Los dos asintieron.

- Pero también puedo ver que las decisiones que toméis ahora pueden preparar el terreno para el futuro de Andrea. Tanto el hecho de que decidáis tomarlas como no, influirá en el resultado final. Andrea, - le pregunté - ¿podrías tratar de ser más concreta e identificar qué te ayudaría a la hora de tomar decisiones cuando llegue el momento? Cuando lo tengas claro, quizás puedas preguntarle a Sergio. . .

Andrea se tomó un tiempo. Parecía saber lo que quería preguntar, pero me dio la sensación que le daba miedo preguntar. Finalmente, se armó de valor y preguntó:

- Quiero saber si prefieres ser enterrado o incinerado y, después, dónde quieres estar.

Sergio, con cara de tensión, se encogió de hombros. Trató de evitar responder, pero ella volvía a encauzar la conversación. Seguía preguntándole y me decía que era decisión de él dónde quería que descansaran sus restos. Finalmente respondió. Dijo un nombre que yo desconocía y nada más decirlo, Andrea se echó a llorar.

- Era lo que quería que dijeras - exclamó entre lágrimas, pero con un tono de alivio.

Les pregunté y me dijeron que era un lugar que tenía significado para los dos.

Volví a retomar mi conversación con Andrea y le dije que quizá no era sólo decisión de Sergio dónde quería que permanecieran sus restos, ya que la relación de ella con él no iba a terminar con su muerte. Al fin y al cabo, uno no deja de querer a una persona solo porque haya muerto.

- ¿Por qué te sientes aliviada sabiendo que quiere estar en ese lugar? - le pregunté.

- Porque es un sitio que conozco y está cerca - contestó - pero a fin de cuentas, es su decisión dónde quiere estar, y ahí yo no me puedo meter

- Imagino que la razón por la que esto es importante para ti es porque tienes intención de visitarlo cuando ya no esté - le dije.

- ¡Por supuesto! - dijo ella.

- Pues quizá entonces - agregué - aunque la decisión última resida en Sergio, quizá es importante que expreses tu preferencia. ¡Imagínate si hubiera dicho China!

Con cara de susto, como si acabara de entender las consecuencias de no hablar de ello, dijo:

- Pues sí, no lo había pensado. Hubiera sido descorazonador no poder ir a visitarlo.

- Sergio,- le pregunté, mientras observaba que lloraba en silencio - ¿Cómo te sientes al saber que Andrea irá a visitarte cuando ya no estés?

Sergio lloró y no pudo contestar a la pregunta. Esta vez, fue Andrea la que se levantó de su butaca y fue a abrazarlo. Lloraron juntos durante un rato.

Les indiqué que se acercaba la hora de concluir nuestra sesión. Se recompusieron y Andrea me miró de manera cálida.

Volvieron a salir de la consulta agarrados de la mano.

****

Una mañana de la semana siguiente, me informaron de que Sergio había sido ingresado en planta la noche anterior. Su salud se había deteriorado de manera vertiginosa y Andrea sentía que no podía afrontar la situación sola. Aparte de una buena amiga de su trabajo, no tenía a nadie cerca con quien pudiera contar para que la ayudase.

Fui a la habitación de Sergio y lo encontré tumbado en la cama, con una máscara de oxígeno que le cubría la boca y la nariz, conectado a una máquina que hacía un ruido de fondo constante. En su antebrazo derecho penetraba un tubo conectado a una bolsa de suero colgada del soporte metálico a un lado de su cama. Junto a él, Andrea leía una revista sentada en una butaca. El ambiente era apacible y de no haber sido por el ruido producido por la máquina el silencio hubiera sido notable.

Toqué la puerta entreabierta, asomé la cabeza y vi cómo Andrea alzaba la vista por encima de sus gafas, que descansaban casi sobre la punta de su nariz. Me hizo un gesto para que entrara y me acerqué hacia la cama donde descansaba Sergio. Coloqué mi mano sobre la suya y lo saludé. Abriendo los ojos, esbozó una sonrisa y volvió a cerrarlos. Parecía estar sedado.

Hablé un rato con Andrea. Me dijo que había estado muy mal antes de que lo ingresaran y que había estado a punto de morir. Estaba atemorizada hasta que llegó a nuestro centro. Una vez ingresado pudo relajarse, ya que sabía que estaba en buenas manos.

Estaba claro que Sergio no estaba como para hacer ningún esfuerzo, ya que le quedaban apenas unos días de vida. Le aseguré a Andrea que si en algún momento quería hablar, podía avisarme y le haría un hueco. Como sospechaba, me dijo que prefería quedarse con él.

Unos días más tarde, me informó la enfermera encargada de la planta que Sergio había muerto de manera apacible y que parecía cómodo hasta el final. Andrea había roto a llorar una vez que él había dado su último suspiro. La consolaron entre varias enfermeras. Poco a poco consiguió calmarse.

Supongo que el dolor que sintió ella tras su muerte era inevitable. Supe a través de la enfermera que Sergio no habló apenas en sus últimos días. Esto no ayudó a Andrea. Al parecer, su silencio no se debió únicamente al hecho de que estaba sedado, sino que según pensaban los médicos y las enfermeras, ya no tenía ganas de hablar. Alguna vez consideraron que quizá estuviera deprimido. Al preguntarme mi opinión, le dije que pensaba que no. Sergio nunca había sido muy hablador, por lo menos sobre este tipo de temas. Sé que le costó muchísimo el trabajo que realizó en nuestras sesiones, e incluso fuera de ellas. Siempre lo vi como un acto de amor hacia Andrea. Lo dio todo por ella y asistió a todas nuestras sesiones incluso cuando tenía dolor. Aunque no pueda confirmar si era el caso o no, llegué a la conclusión de que llegó el momento en que no pudo hablar más. Por lo que a mi respecta, lo consideré un merecido descanso.

15
UNA MIRADA IMPENETRABLE

El contraste era notable. Por un lado, la pequeña sala donde nos encontrábamos tenía las cuatro paredes blancas, desnudas de cualquier tipo de decoración, bañadas por un río de luz blanca natural que se colaba por una claraboya situada en el techo. Por otro lado, una mujer menuda de ojos rasgados y mirada impasible trabajaba duro para no mostrar ni un ápice de lo que trataba de esconder. Cabizbaja, su pelo negro brillaba a ambos lados de su cara pálida, reflejando la luminosidad que la rodeaba.

Sachiko había recibido su diagnóstico de cáncer poco tiempo antes pero para cuando se lo detectaron, la enfermedad ya se había extendido por gran parte de su cuerpo. Tenía solamente treinta y cinco años.

Dejó su país a los dieciocho para venir a estudiar a la universidad, donde conoció a Tristán. Vivieron en la ciudad durante sus primeros años en pareja. Él trabajaba en una empresa de tecnología medioambiental, mientras que ella abrió su propia pequeña empresa de importación de productos procedentes de Oriente, donde su familia tenía contactos.

Cuando se quedó embarazada cerró la empresa y se dedicó en exclusiva a la crianza. Optando por una educación consciente, se mudaron al campo y compraron una pequeña casa rodeada por un jardín enorme con sitio de sobra, apostando así por una vida ligada a la naturaleza. Mareka era una niña curiosa y vivaracha, fruto de la seguridad que le había dado la presencia total de su madre, y estaba a punto de cumplir los ocho años. Desde que la niña empezó la educación primaria, Sachiko se había planteado volver a trabajar y había acudido a varias entrevistas de trabajo pero ningún puesto había terminado de convencerla.

Hacía un mes, cuando acudía a una entrevista de trabajo para la embajada japonesa, sintió un malestar en un costado de su cuerpo. Decidió ignorarlo, pues el trabajo para el que estaba a punto de ser entrevistada era una oportunidad estupenda que le permitiría compaginar sus horarios y ofrecía un salario más que adecuado.

Su malestar fue creciendo en el autobús de camino a la entrevista y pensó que debía ser por los nervios. Entró en la embajada, un edificio magnífico que combinaba la opulencia y la tradición de un país imperial de manera exquisita, con la sencillez de una arquitectura moderna minimalista. Las grandes cristaleras abrían paso a la luz que ensalzaba la delicadeza de las figuras de marfil que poblaban la entrada.

En una sala de espera impresionante, sentada en una butaca de terciopelo rojo, comenzó a sentir un sudor frío. De repente su visión comenzó a oscurecerse y su campo visual empezó a difuminarse, relegando la sala, el edificio y el mundo entero tras una gran cortina negra que lo abarcaba todo.

Se despertó con un pitido que se repetía cada pocos segundos. Trató de abrir los ojos pero los párpados le pesaban como si se trataran de dos losas. Consiguió despegar las pestañas y tras un primer intento una claridad insoportable la obligó a cerrar los ojos de nuevo. Por fin, cuando los pudo abrir de nuevo, pudo diferenciar la silueta de una enfermera de entre un cúmulo de formas borrosas. Esforzándose por verla de manera más nítida, vio cómo le daba la bienvenida con una sonrisa placentera. Escuchó un ajetreo que provenía de su lado derecho y cuando giró la cabeza vio a Tristán acercarse y tratar de abrazarla, posando la cabeza sobre su pecho. Sachiko se sintió como si le estuvieran cortando el costado derecho con un cuchillo afilado e hizo un movimiento brusco acompañado de un gemido.

Tras comprobar las constantes vitales un médico muy amable comenzó a hacerle algunas preguntas sobre cómo se sentía. Hablaron durante unos breves instantes y gradualmente el nerviosismo del doctor se hizo cada vez más notable. Finalmente, poniendo cara seria comenzó a compartir con Sachiko las malas noticias: habían encontrado varios tumores en su cuerpo. Las palabras del médico parecieron no tener ningún impacto sobre ella quien, incrédula, recorría con su mirada el trayecto que hacía un tubito de plástico que descendía desde la bolsa de suero que colgaba sobre un estandarte a su lado conectando con una aguja que penetraba en la piel de su antebrazo derecho. A su lado, miraba impasible cómo una lágrima silenciosa descendía por la mejilla de Tristán.

Sentada frente a mí y según terminaba de contarme la historia, su mirada seguía igualmente impasible. Queriendo desbrozar su estoicismo, le pregunté cómo se sentía y comenzó a reírse. Cuando le mostré mi sorpresa sobre su risa, respondió con una risa idéntica. Pronto aprendí a través de un amigo que amaba la cultura japonesa que la risa, sobre todo en las mujeres, puede ser un signo de vergüenza.

En nuestra segunda sesión compartí con ella mi nuevo descubrimiento y le pedí disculpas por haberla puesto en una situación embarazosa sin saberlo. No tardó en restarle importancia y asintió con la cabeza, como haciendo un signo de aprobación.

Hablamos de la situación con más detalle y reconoció que su dificultad provenía del hecho de que nunca hablaba de sí misma. Me explicó que en su cultura uno nunca habla de sí mismo y menos siendo mujer. Desconcertado, le pregunté cómo lo llevaba con Tristán y cómo encontraba en él el apoyo que necesitaba. Cabizbaja y un poco ruborizada confesó que no sabía cómo hacerlo.

- ¿Qué te parece si como experimento me hablas un rato sobre ti, a ver qué pasa? - la invité jovialmente, con la intención de explorar el asunto más a fondo.

Muy seria y como ofendida, aunque su estoicismo me dificultaba poder confirmar mi interpretación, dijo con voz seca:

- ¡Yo no hablo sobre mí! ¡No sé cómo hacerlo! - exclamó.

- ¿Cómo crees que reaccionaría yo si empezaras a hablar de ti? - le pregunté en tono compasivo, tratando de averiguar sus sentimientos al respecto.

Tardó unos segundos en responder. Finalmente, dubitativa, añadió:

- Creo que te levantarías y te marcharías de la sala, dejándome sola -respondió.

- Y, ¿cómo te sentaría eso a ti? - pregunté.

- Sería terrible. Me sentiría avergonzada e inadecuada - dijo con un tono triste. - Sería una deshonra - añadió.

Me invadió un gran sentimiento de tristeza. Tras un rato de silencio, decidí compartirla con Sachiko:

- He sentido una sensación de tristeza cuando te he oído hablar, y quiero que sepas que a pesar de que pienses que mi reacción sería la de alejarme de ti, mi sentimiento en este instante es todo lo contrario. Me siento más cerca de ti y siento mucho interés por saber más sobre cómo te sientes.

Sachiko miró consternada durante un segundo. Acto seguido, sus ojos comenzaron a humedecerse, derritiendo así la capa de impasibilidad que le cubría el semblante. La invité a exhalar profundamente según seguía tratando de controlarse y finalmente se abandonó al sentimiento y comenzó a exhalar de manera entrecortada.

Tras recomponerse, la invité a que elevara su mirada para encontrar la mía y pude ver una calidez en sus ojos que no había podido observar antes. Concluyó nuestra sesión y me dio las gracias según salía de la sala.

La tristeza que acarreaba desde nuestra última cita me duró unos cuantos días. No conseguía quitarme la sensación de asombro y consternación por la presión que dominaba la vida de Sachiko. Sola, en un país extranjero y sin poder buscar ningún apoyo en la vida, ni siquiera en su propia pareja.

Cuando salí a recibirla antes de la siguiente cita, un gran pañuelo azul con tonalidades celestes, turquesas y blancos le cubría toda la cabeza. Entramos en la sala y cuando le pregunté por ello me dijo que se le había caído el pelo. Absolutamente todo. Antes de empezar a verla llevaba ya algunas semanas de quimioterapia, pero por lo visto los efectos secundarios habían tardado algún tiempo en tener impacto.

Ella no le daba más vueltas: se había caído y se había caído, y ya está. A pesar de mi asombro, ella parecía estar en un buen lugar emocionalmente y comenzó a hablarme de la liberación tan grande que había sentido tras nuestra última sesión.

Había experimentado con comenzar a hablar un poquito más sobre sí misma con Tristán y, a pesar de que en un principio le resultó un poco extraño, en seguida vio que la comunicación entre los dos mejoró notablemente. Tristán le había transmitido su satisfacción con el cambio y pasó a compartir con ella su frustración, crónicamente suprimida durante años, de no poder acceder a los sentimientos profundos que residían en ella.

Su relación se volvió más transparente y mucho más igualitaria. A la vez que satisfecha, Sachiko se sentía abrumada por toda una serie de problemas nuevos que esto conllevaba. Por ejemplo, Tristán le expresó que debido a su sobreprotección con Mareka siempre se había sentido fuera de su relación, como si ella fuera propiedad de Sachiko. Consecuentemente, Tristán se había refugiado en el trabajo y trabajar en la ciudad le exigía, convenientemente, pasar largas horas fuera de la casa. De esta manera no tenía que pensar ni sentirse excluido.

Su relación se fue estrechando a medida que iban trabajando sus diferencias de perspectiva y sanando el dolor que habían acumulado como consecuencia de sus hábitos, construidos durante años. Lejos de lo que Sachiko hubiera imaginado antes, su trato con Tristán se había impregnado de ternura y eso le creaba un dolor más profundo todavía, que llevaba en secreto. Su enfermedad iba avanzando y el gozo que la colmaba la dejaba con un sabor agridulce, sabedora de que iba a perder lo que más deseaba.

Uno de los temas más problemáticos para ella era su relación con su hija. Sentía que era su responsabilidad que Mareka no sufriera. Quería encontrar respuestas a todas sus preguntas, maneras de desviar su atención para que no sintiera dolor, encontrar formas de reconfortarla. Nuestro trabajo se centró en aprender a tolerar ver sufrir a su hija, además de confiar en la fuerza que tienen todas las personas para superar la adversidad.

A medida que avanzaba la enfermedad iba, por un lado, celebrando su nueva relación con Tristán y, por otro, aceptando el dolor de corazón que le producía pensar en Mareka.

Y llegó el momento de someterse a unas pruebas rutinarias que permitirían a los médicos establecer la situación actual de su enfermedad.

Las pruebas llegaron en un momento en el que la continuidad de nuestro contacto se veía comprometida debido a que yo tenía que impartir unos cursos de formación durante las siguientes dos semanas, de manera que no podía verla con la frecuencia habitual. En nuestra última sesión antes del parón le pregunté qué resultados vaticinaba y confesó que, a pesar de querer pensar de manera positiva, no auguraba nada bueno.

No tuve demasiado tiempo para pensar en ella en las siguientes dos semanas. El curso de dos días y medio que estaba dando a cuatro grupos diferentes de médicos, enfermeras y otros profesionales de la salud requería analizar unos cuantos casos reales actuados por los asistentes y debido a su alto componente experiencial, toda mi atención se veía centrada en estar presente y disponible para ellos. Sin embargo, encontré que mi mente me llevaba a pensar en Sachiko durante algún descanso.

Agotado, volví a mi trabajo habitual y a los pocos días me llegó el turno de volver a verla. La noté un poco alicaída, y lo que más me llamó la atención es que su mirada se había vuelto casi tan impenetrable como lo había sido en un principio. Me comunicó que su presagio había sido correcto y que los resultados de la prueba habían mostrado un deterioro importante en su salud. Uno de sus riñones había dejado de funcionar del todo, y el otro había empezado a fallar también. Lo más asombroso es que no le dolía nada y a pesar de que la gente en su situación suele tener una lista de medicamentos bastante larga, en la suya solamente figuraba el Paracetamol, para consumo únicamente cuando fuera necesario.

Me comunicó que en los últimos días había tenido dificultades a la hora de hacer de vientre y que era probable que tuviera que ingresar en el hospital para someterse a una investigación exhaustiva.

A los pocos días me llegó la noticia de que había sido ingresada en el hospital más cercano pero que estaban esperando para trasladarla a nuestro centro. Los médicos habían descubierto que su dificultad se debía a una obstrucción intestinal generada por un crecimiento substancial de uno de sus tumores. Le pregunté a uno de los médicos de nuestro centro qué significaba esto y me contestó que el pronóstico no era nada bueno. Si la obstrucción se resolvía la enfermedad seguiría su curso según lo pronosticado, pero si no se resolvía, la acumulación de heces en el intestino sería un peligro inminente para su vida.

Una vez ingresada en nuestra planta la fui a visitar a su habitación. Me asombró la ligereza de su mirada y el brillo en sus ojos. Me saludó con una intensidad que no esperaba y comenzó a contarme lo que había pasado. Estaba como eufórica.

Me puso al día sobre la situación y hablamos sobre Mareka y Tristán. A pesar de que la relación con Tristán seguía yendo bastante bien, me dijo que lo notaba más distante y que últimamente estaba pasando más horas trabajando. Quizá se escudaba en ello para protegerse del dolor tan tremendo que debía estar sintiendo.

Pero Sachiko seguía sintiéndose positiva y estaba encantada por los cambios que había realizado desde que vino a verme por primera vez. No paraba de darme las gracias y tuve que dar un pequeño paso hacia atrás, pues la intensidad que desprendía era de un talante casi maníaco.

Concluimos que vendría a verla en unos días y a la salida pasé por el despacho de uno de los médicos para comentar la situación, principalmente de su euforia. Me aseguró que no era raro que algunos pacientes se sintieran casi maníacos al borde de la muerte, particularmente cuando hay un desequilibrio hormonal como el que podía estar sufriendo Sachiko.

La siguiente ocasión en que fui a verla, toqué la puerta de su habitación y entré una vez recibido el permiso. Observé que un hombre y una mujer orientales me miraban sentados desde dos sillas que se encontraban al lado de su cama. El hombre, peinado de manera impecable, llevaba un polo Lacoste blanco y unos pantalones de pinzas marrones. La mujer llevaba un vestido negro de corte ancho que ondulaba sobre su figura menuda. Sachiko me miró sonriente y me dijo que se trataba de sus padres.

Giró la cabeza hacia ellos y les dijo algo en japonés, ininteligible para mí. Nada más terminar la frase el hombre, sin quitarme ojo de encima se acercó hacia mí con paso decidido y se paró a un metro escaso de mis pies. Me estrechó la mano, se inclinó ante mí sin soltarla y mientras asía el anverso de mi mano con fuerza posó la otra sobre el reverso, murmurando constantemente "¡Arigato gozaimasu! ¡Arigato gozaimasu!"

A pesar de que no hablaba japonés, más de una década de práctica en las artes marciales me permitieron identificar que estaba dándome las gracias. "Do itashimashite" le respondí. Gracias y de nada son probablemente las dos únicas frases que conocía en su idioma, y el que una de ellas se me plantara en bandeja en una situación real con un japonés que no hablaba mi idioma me produjo una sensación más que satisfactoria.

Dejando mi orgullo a un lado, pude observar la tensión que le producía suprimir sus sentimientos en ese instante. Al fin y al cabo, se trataba de un hombre de unos cincuenta y tantos años que estaba presenciando cómo la vida de su amada hija se desvanecía ante sus ojos. Era evidente que apretaba su mandíbula, pues los músculos maseteros se mostraban contraídos a cada lado de su cara, inflamando una vena que le atravesaba la sien. Su cara había adquirido un tono bermejo y los esfuerzos que ejercía para mantener una mirada impasible, como lo dictaba su cultura, no le otorgaban los resultados deseados.

Conversé un rato corto con Sachiko y le dije que vendría en otro momento más apropiado. Me sonrió y me dio las gracias. Según alargaba mi mano para alcanzar la manilla de la puerta su padre y su madre se pusieron en pie y se inclinaron hacia delante en forma de saludo.

Pasó una semana y volví a visitarla. Sus padres ya se habían marchado y Sachiko seguía un poco eufórica. Continuaba agradecida por los cambios, feliz de haber descubierto la libertad de poder ser ella misma en su relación con Tristán. Sin embargo, lloraba fácilmente cuando recordaba la estancia de sus padres y el hecho de que se habían dicho adiós para siempre. Sentía una especie de dolor agridulce por ellos, el tipo de dolor cálido que nos hace sentir más cerca, en vez de el dolor amargo que nos separa de aquello por lo que estamos afligidos.

Me habló de haber tenido un sueño parecido dos veces durante la última semana. En su sueño, veía una playa en la cual caminaban descalzos sus abuelos, vestidos con ropas holgadas de lino blanco. Le sonreían y le decían que todo estaba bien, que estaban esperándola para darle la bienvenida.

Le pregunté por ellos y me dijo que siempre se había sentido muy unida a sus abuelos. La habían cuidado de pequeña mientras sus padres trabajaban. Su abuela era una fuente de benevolencia, una mujer compasiva y comprensiva que veía siempre el lado bueno en todas las personas. Su abuelo era un hombre callado que escondía una sabiduría y una pasión por la vida contagiosas. Ambos habían fallecido hacía ya algunos años.

Hablamos de lo que significaba el sueño para ella. Se debatía entre pensar que sus abuelos la esperaban en el otro mundo, por un lado, y que todo era un sueño sin sentido al que no había que darle más vueltas, por el otro. Le dije que dependía de ella lo que quería creer al respecto, pero que lo más importante era cómo le hacía sentir. La invité a que cerrara los ojos y pensara en la imagen de sus abuelos en la playa. Inmediatamente, afloró una gran sonrisa en su cara. Abrió los ojos, ligeramente acuosos, impregnados de vida.

- ¡Me están esperando! - afirmó.

Me dijo que se sentía muy tranquila y llena de gozo. Sentía un dolor tremendo cuando pensaba en Mareka, pero a lo largo de nuestro trabajo juntos había aprendido a confiar que todo estaría bien, a pesar de lo duro que pudiera resultar. También sentía pena por el hecho de que Tristán parecía haberse escudado en su trabajo y se había mostrado gradualmente más distante. Pero tenía un gran recuerdo del vuelco que había dado su relación desde que había decidido considerarse la actriz principal y la directora de su propia vida.

Llegó la hora de irme y como los médicos no habían dado indicios de que la fueran a mandar a casa, quedamos en que la vendría a ver otra vez en el plazo de unos días. Me dio las gracias.

El siguiente encuentro tardó en llegar un poco más de lo esperado. Debido al volumen de líquido que se estaba empezando a almacenar en sus pulmones, su oncólogo había decidido operarla para drenarlos.

A la mañana siguiente, asistí a una reunión en la que supe que la operación había salido mal y que accidentalmente habían perforado su intestino delgado. En mi asombro, y a pesar de imaginarme lo que esto suponía, pregunté a un médico cuál era el significado de todo ello. Recibí la confirmación de que a Sachiko le quedaban pocos días antes de morir por intoxicación.

Sentí un dolor desolador. Me costaba aceptar cómo una mujer tan positiva, bondadosa y una persona tan bella pudiera encontrarse en una situación tan injusta y tan horrible. Completamente apesadumbrado fui a dar un pequeño paseo por el jardín para tratar de reponerme de la conmoción.

Recobrando la compostura un poco, decidí no disimular demasiado. Era lo que sentía y quizá podía permitirme un encuentro con Sachiko en ese lugar de desazón en el que debía estar sumida. Quizá podía ser un momento compartido por los dos.

Apesadumbrado, toqué su puerta y escuché una invitación proveniente del otro lado de tono alegre. Sachiko me acogió con una sonrisa. ¡No podía dar crédito a mis ojos! Pensaba encontrarme con una persona derrumbada y por el contrario, tenía delante a una mujer pletórica que rebosaba vida.

Conversamos durante un rato, hablamos de la operación y demostró que era plenamente consciente de su situación y de lo que se avecinaba. Sin embargo, se sentía tranquila, confiada y a la espera de reencontrarse con sus abuelos. En un principio pensé que su intensidad pudiera deberse a la posibilidad de estar en un estado de negación. Pronto descubrí que no era el caso.

Podía albergar las dos experiencias opuestas, casi contradictorias. Por un lado, la felicidad, el agradecimiento, las ganas de vivir, de observar belleza en los detalles más insignificantes. Por otro lado, el dolor del abandono y el desgarro de que le arrancaran lo que más quería.

Era nuestra última sesión, pues me iba de vacaciones al día siguiente durante dos semanas y su pronóstico era de apenas unos días.

Nos dijimos adiós. Le deseé un buen viaje hasta llegar a la playa de sus abuelos. Me dio las gracias por haberla ayudado a abrirse a la vida que tanto había disfrutado en los últimos meses. Le agradecí que me enseñara a valorar la vida y la belleza que se encuentran en la simplicidad y le tendí la mano antes de irme.

La tomó con ambas manos y yo hice lo mismo. Sus manos cálidas eran suaves como la seda. La miré a los ojos y observé que a pesar de que se iban humedeciendo no llegaban a perder su chispa habitual. Comenzó a llorar y noté que a mí también se me acumulaban las lágrimas. Me deseó unas buenas vacaciones y me dio las gracias por última vez. Traté de forzar una sonrisa que se quedó en simple mueca.

Me acerqué a la puerta y le lancé una última mirada mientras agarraba la manilla con mi mano derecha. Me miró, me dio las gracias por última vez y me dijo adiós. Le devolví las gracias, le deseé lo mejor y me despedí de ella conmovido: "Sayonara".

La historia de Sachiko me resultó conmovedora por muchas razones. Por un lado, porque con ella pude observar una verdadera transformación desde que la vi por primera vez hasta la última en que nos encontramos. Fue una transformación inspiradora, llena de vida, en la que floreció como persona fertilizando así todas las personas y relaciones de su alrededor.

Por otro lado, fue una historia trágica. La historia de una mujer que, en plena flor de la vida, apenas pasados los treinta y cinco años, se topó con un destino incompasivo. Un destino que le arrebató todo lo que quería, irónicamente cuando empezaba a abrirse de corazón a vivirlo plenamente.

Lo más conmovedor para mí fue observar que, lejos de sentirse una víctima o sentirse ahogada por sus temores, Sachiko hizo frente a su destino y fue a encontrarlo con la cabeza bien alta. Quizá fuera parte de su herencia cultural, de la mentalidad de los guerreros Samurais, quienes buscan el honor en una buena muerte.

A pesar de la tragedia que caracterizaba el final de la vida de Sachiko, me siento todavía impresionado por la belleza que esconde su historia. Más de una década después del acontecimiento, todavía me lleno de admiración cuando pienso en ella. Puedo seguir admirando la belleza de cómo vivió hasta el último segundo, sin bajarse del tren ni un instante antes. Una belleza conmovedora que todavía me trae sentimientos de dolor y, a su vez, un dolor que me trae sentimientos de belleza.

La mayoría de los pacientes con los que he trabajado comienzan a distanciarse de sus seres queridos según el final se acerca. No me refiero a aquellos que están tan sedados que no pueden estar presentes en sus últimas horas, sino a aquellos pacientes lúcidos y con todas sus facultades intactas que comienzan a cerrar las persianas y a recoger sus cosas viendo lo que se avecina.

Sin embargo, Sachiko optó por estar presente hasta el final. Y, lo que es más, siguió amando hasta el final. Incluso cuando Tristán se escudó en su trabajo o cuando sabía que no podía eximir a Mareka del sufrimiento de quedarse huérfana. A pesar de todo ello, con el corazón ajado y dolorido, apostó por seguir amando.

Fue reconfortante para mí saber que Sachiko se sentía arropada por sus abuelos, quienes la esperaban al otro lado del umbral. Esta visión transformó sus potenciales sentimientos de miedo en curiosidad, ansia y expectación.

Una de las ventajas de haber estado presente en tantos lechos de muerte es que he podido observar centenares de maneras de morir. No tengo ni idea cuándo me tocará a mi ni cuáles serán las circunstancias. Pero lo que sí sé, o al menos espero, es que el privilegio de haber visto que una actitud como la de Sachiko es posible me permita poner sobre la mesa algunas de sus cualidades.

Si estás por ahí, quiero que sepas que siempre sentiré un respeto y una admiración absolutos por ti y cuándo me llegue la hora estarás presente como uno de mis modelos. Quién sabe, quizá me esperes en alguna playa para darme la bienvenida.

Todos sabemos que vamos a morir, pero muchos vivimos como si no fuera a ocurrirnos a nosotros. Y cuando la muerte se hace presente —ya sea en carne propia o a través de alguien querido— todo aquello que queda pendiente se amplifica: las decisiones aplazadas, las conversaciones evitadas, los silencios, los vínculos, los afectos no nombrados. Todo lo que no ha sido atendido se vuelve urgente.

Acompañando a tantas personas al final de su vida he aprendido que no siempre hay tiempo para resolverlo todo, pero sí suele haber una oportunidad —pequeña o grande— para decir lo importante, para soltar lo que pesa y para cerrar nuestra relación con la vida con dignidad. Las acciones recogidas en la siguiente lista son una invitación a no esperar al último momento. Porque morir bien también es un acto de amor hacia quienes se quedan.

- *Habla de lo que nunca se ha dicho*

  Hay verdades y afectos que se han quedado atrapados durante años. El final de la vida no es un buen momento para iniciar nuevas batallas, pero sí puede ser una oportunidad para desatar algunos nudos. No esperes a tener las palabras perfectas. Di lo que tengas que decir antes de que ya no sea posible.

- *Haz las paces con tu historia*

  Llegamos al final con capítulos abiertos y heridas que aún escuecen. Resolver no siempre significa sanar del todo, pero sí puede significar llegar a un final suficientemente satisfactorio. Cuanto más en paz estés con tu propia historia, más liviano será el tránsito.

- *Deja claro lo que deseas*

Hablar del testamento, de las voluntades médicas o del funeral no es morboso, es un acto de cuidado. Cuando no dejamos constancia de nuestras decisiones, quienes nos aman se ven obligados a adivinarlas en el peor momento. Decidir con antelación es un regalo silencioso.

- Sé específico con tu amor

No basta con un "te quiero". Di qué amas de cada persona, qué has aprendido, qué recordarás siempre. Lo específico es lo que queda. Este es otro regalo silencioso.

- Permite que los demás te acompañen

Proteger tu dignidad no significa encerrarte. Dejarte ver vulnerable y dejarte cuidar puede ser incómodo, pero también profundamente reparador. El acompañamiento sincero es duro para todos, pero es también un privilegio compartido.

- No esperes al momento perfecto

El miedo, la tristeza, el cansancio siempre estarán ahí. El momento ideal casi nunca llega. Pero no pierdas el momento de hacer lo importante porque no fuera el momento ideal. Habla, aunque sea con torpeza; escucha, aunque duela; y si puedes, sé permisivo con la torpeza y el dolor de un momento dado. Desde mi experiencia, el daño momentáneo que pueda provocar la manera de comunicar con torpeza y dolor casi nunca refleja las intenciones del interlocutor, que casi siempre son buenas.

- Haz sitio para lo simbólico

Un gesto, una despedida o una pequeña ceremonia permanecen en el recuerdo de los que se quedan. El alma entiende mejor los símbolos que las explicaciones. Lo simbólico abre espacios que las palabras no alcanzan. Este punto complementa el punto número I (Habla de lo que nunca se ha dicho), no lo reemplaza.

- Recuerda que el otro también necesita cerrar

No todo es cuidar al que muere. Quien se queda también necesita poder hablar, preguntar, llorar. Abrir un espacio compartido de despedida es un regalo para ambos, para los de alrededor y para generaciones venideras.

- *No te vayas con todo dentro*

  La muerte interrumpe, pero no borra. Sobre todo, para los que se quedan. Lo que se queda dentro queda como una oportunidad perdida y lo que se saca permanece para los que se quedan. Aunque sea tarde, aunque no sepas cómo, entrega lo que importa.

- *No finjas que no está pasando*

  Seguir como si nada por no preocupar, genera distancia y malentendidos. Nombrar la realidad no precipita la muerte, pero sí permite habitarla con conciencia. Lo no dicho puede pesar más de lo que te imaginas, durante más tiempo que el que te imaginas.

- *Haz espacio para la contradicción*

  No necesitas resolverlo todo para morir en paz. Puede haber amor y rabia, gratitud y decepción, todo al mismo tiempo. Basta con reconocer lo que hay, sin disfrazarlo.

- *Cuida el cuerpo, sin obsesionarte con curarlo*

  A veces, seguir con tratamientos agresivos solo retrasa lo inevitable y posterga lo importante. Escucha tus límites. Cuida lo que alivia, no lo que solo prolonga. En algunos casos, prolongar la vida incluye prolongar el sufrimiento. El tiempo de calidad no siempre es más tiempo.

- *Pide lo que necesitas*

  A veces basta con decir: "no quiero estar solo" o "ven y siéntate conmigo. Muchas veces la impotencia alrededor del proceso de muerte puede ser tremenda. Pedir lo que necesitas, lejos de ser una carga, puede ser un puente. Los demás agradecen saber cómo estas y qué pueden hacer para ayudarte.

- *Pregúntate: ¿y si fuera la última vez?*

  El objetivo de esta pregunta no es vivir con angustia, sino vivir con intención. Esta pregunta permite ordenar, aclarar, simplificar y priorizar. A veces, lo más esencial se vuelve visible cuando recordamos que todo puede terminar en cualquier momento.

- *Acepta que no todo se cierra*

  Aceptar que no todas las heridas se van a sanar y que no todas las palabras llegarán te permitirán emplear el esfuerzo necesario en aquella sanación y resolución posibles, en vez de lo improbable. Aceptar que no todo se resuelve también es una forma de soltar. Hay paz en dejar de resistirse a lo incompleto.

- *Sigue contribuyendo*

  Aunque no te des cuenta, estarás contribuyendo hasta el final. Cada palabra, gesto, silencio, historia, broma, lágrima o lo que quiera que sea, es una contribución a los demás. A veces pensamos que si una acción o inacción no supera el umbral que nosotros consideramos, no es una contribución. Nada más lejos de la realidad.

- *Acepta el cambio*

  La enfermedad te transforma. Independientemente de que seas el que se enfrenta a tu muerte o estés acompañando a alguien en la suya, no eres la misma persona de antes. No tienes que ser quien eras. Permítete ser más frágil, más sabio, más directo. Transformarte con la enfermedad no es un fracaso, es ser real.

- *Agradece. Incluso lo pequeño*

  Agradece a quienes estuvieron, a tu cuerpo, a tu historia. La gratitud no borra el dolor, pero puede transformar el dolor amargo en algo un poco más dulce. Agradecer es una forma de despedirse con dignidad.

No siempre es posible hacer todo esto. A veces no hay tiempo, otras veces las condiciones no lo permiten. Pero incluso una sola de estas acciones puede transformar una despedida. A veces no es tiempo lo que falta, sino la decisión de utilizarlo de manera significativa.

Morir con dignidad no significa hacerlo sin miedo. Significa hacerlo con conciencia, con presencia, y, cuando se puede, con amor.

Nazco en Mondragón en el año 1977. Mi padre es médico y mi madre, profesora de escuela. Tengo un hermano mayor y entre él y yo, mis padres tuvieron un hijo prematuro que nació y murió a las dos horas. Este hecho está presente durante mi infancia, pero mucho más tarde me doy cuenta de que el proceso de duelo nunca ha sido abierto y que no se ha llevado con naturalidad.

Comienzo la escuela a los cuatro años y cuando tengo cinco nos mudamos a San Sebastián por motivos de trabajo de mi padre.

Mi nueva escuela es Jakintza Ikastola, pero tres años después, al mudarnos de nuevo de casa en San Sebastián, vuelvo a cambiarme de centro escolar, al Liceo Santo Tomás. Las notas con que acabo mis estudios no son sobresalientes, principalmente porque las pasiones y amistades de la adolescencia tenían para mí mucho más interés que los estudios.

En el último año de colegio, se me requiere elegir cinco carreras en las que prematricularme, y aunque mi primera elección es cursar medicina, incluyo la psicología como una de las opciones, entre otras carreras biosanitarias.

El resultado en la prueba de selectividad no me permite estudiar medicina, y barajo diferentes alternativas, siempre relacionadas con la salud, me decantándome por la psicología.

A pesar de que consigo plaza en San Sebastián, mis padres insisten en que vaya a estudiar a otra ciudad, para tener la experiencia de vivir fuera de casa, y me matriculo en la Universidad de Deusto, en Bilbao.

El Plan de estudios, que lleva un par de años en vigor, permite cursar todos los créditos y asignaturas propios de una carrera de 5 años en 4. La multitud de asignaturas, el componente altamente teórico y clases abarrotadas con 250 o 300 personas no ayudan a suscitar mi interés. A pesar de ello, me licencio en cuatro años cuando era muy frecuente acabar en cinco años. (Pocos años después la propia universidad volverá al antiguo plan de cinco años.)

Obtenida la licenciatura y ante un panorama laboral poco estimulante, decido marcharme a Inglaterra con el fin de aprender inglés y hacer luego un Máster en Administración y Dirección de Empresas en Inglaterra o en Estados Unidos. Por esta época mis expectativas van por el mundo de la psicología empresarial, y no tanto por la clínica. Además, constato que la carrera me ha dado acceso a un lenguaje profesional y me ha aportado conceptos básicos, pero siento que debo conocer herramientas específicas para trabajar.

A medida que mi inglés mejora, empiezo a trabajar en empresas y finalmente me inscribo en un doctorado en gestión de cambio organizacional, liderado por una eminencia en ese campo. La formación me fascina. Tiene un componente colectivo muy importante y consiste en trabajar con dinámicas de grupo con el objetivo de intervenir para optimizarlas. Estas herramientas son las que luego permiten trabajar con diferentes equipos de trabajadores de empresas.

Desafortunadamente, el doctorado requiere reflexionar y escribir sobre la propia experiencia empresarial pero todavía no tengo la suficiente para seguir con el programa, lo que me lleva a explorar otros caminos.

Mi pareja tiene una formación en terapia Gestalt y técnicas bioenergéticas y muchos de los profesores del doctorado, además de algunos de los estudiantes, habían hablado de su formación en Gestalt y cómo la empleaban en el trabajo con grupos y en su trabajo de consultoría. Por eso, me apunto a un grupo experiencial en el Gestalt Centre de Londres y me encuentro el mismo trabajo de dinámicas de grupo que me fascinó en el doctorado.

Los siguientes años curso estudios de formación de psicoterapia en el Gestalt Centre y noto que empiezo a florecer. Mientras, trabajo en una empresa de seguros para pagarme los estudios formándome al finalizar la jornada laboral y los fines de semana.

Nace mi primer hijo. Un año más tarde cambio mi trabajo en seguros, con el que nunca me identifiqué, por uno como psicólogo en un centro de cuidados paliativos. Nace mi segundo hijo y finalmente mi hija. Me licencio como terapeuta Gestalt individual y grupal.

Sigo trabajando en paliativos, aprendiendo sobre las especificidades de un campo que nadie me ha enseñado: formo a personal, trabajo con pacientes, familiares, grupos, personas en duelo, superviso a otros terapeutas, etc. Además, comienzo a practicar el Aikido y exploro otros mundos, como la conexión con la naturaleza, hago un curso de supervivencia durante un año, acudo a alguna ceremonia chamánica, etc. Todo buscando conectarme más y mejor con el mundo natural el espiritual; y también sanar la experiencia de la muerte de mi hermano Urtzi, a quién nunca conocí.

Asumo la jefatura de tres departamentos en el centro en el que trabajo, el de psicología, cuidado espiritual e información para cuidadores. Aprendo sobre gestión, presupuestos, sigo formando a profesionales, acudiendo a reuniones multidisciplinares, etc.

En mi último año en el centro, el Gestalt Centre me solicita ayuda con la formación de estudiantes de cuarto y quinto año, y accedo. Meses más tarde, comienzo también a formar a estudiantes de terapia Gestalt de primer año.

Tras casi doce años, decido dejar mi trabajo en el centro, pues cada vez me veo obligado a dedicar más tiempo a la gestión de personal y menos al trabajo clínico, lo que no alimenta mi alma cuanto necesito. Sigo impartiendo clase en el Gestalt Centre y comienzo a desarrollar mi consulta privada, donde me dedico a ofrecer terapia y supervisión. Mientras, mantengo mi vinculación con el mundo paliativo durante tres años más, supervisando el departamento de psicólogos de otro centro de cuidados paliativos y a algunos de sus médicos.

Desde España, me llaman de una empresa de logística funeraria para impartir formación a su personal. Así, comienzo a dar cursos a funerarios, veterinarios y agentes de seguros, que tienen contacto con el mundo del duelo pero sienten que no tienen herramientas. También doy ponencias en las ferias más importantes del mundo funerario en España, pero la pandemia frena este impulso.

En la actualidad, sigo formando terapeutas en el Gestalt Centre de Londres, actualmente de cuarto y quinto año, además de formar supervisores clínicos, y al mismo tiempo imparto cursos introductorios a la Gestalt y cursos cortos para terapeutas sobre el duelo. También doy cursos cortos de introducción a la Gestalt en el Psychosynthesis Trust de Londres.

Ahora, junto a lo anterior, estoy tratando de desarrollar formación on line de apoyo para personas que hayan sufrido la muerte de su pareja.